La sophrologie

Découvrir

Pascal Gautier

La sophrologie

InterEditions

Deuxième édition

ISBN : 978-2-7296-1131-6

Table des matières

Partie II

La pratique

Préface

On prête beaucoup à la sophrologie. Les vertus dont on la pare, les expériences et représentations multiples qu'on peut en avoir lui assurent une image aussi prospère que diversifiée.

Certains esprits suspicieux croient pouvoir y déceler une légère odeur de soufre, en l'associant à l'ésotérisme ou au paranormal. Car le marché de l'angoisse, qui se conjugue à merveille avec celui de la crédulité, peut sans scrupule amalgamer sophrologie, astrologie, voyance, et autres retours promis à quelque « vie antérieure ».

Le jargon propre à la sophrologie, pouvant paraître réservé à un groupe d'adeptes spécialement « initiés », n'est malheureusement pas là pour décourager clairement les équivoques.

On la rencontre aussi bien sur le net, dans les centres de mise en forme et d'esthétique, offerte à la clientèle entre les massages traditionnels, la gymnastique douce et les huiles essentielles.

Bon nombre l'ont expérimentée avec profit dans la gestion du stress, la préparation à des compétitions sportives, lors d'un accouchement, ou d'une thérapie... Et on lui reconnaît volontiers ce *plus* ayant permis à tel ou tel de réussir son examen, pour une fois sans trop de trac.

Présente dans les services hospitaliers comme dans les petites annonces (rubrique *parapsychologie*), la sophrologie enthousiasme ou irrite, selon l'expérience qu'on en a ou l'idée qu'on s'en fait.

Mais alors quelle est-elle au juste ?

Pascal Gautier, aguerri par ses années d'expériences de formations et de pratique, sait nous l'expliquer et – bien mieux – nous la faire comprendre tout en prenant un plaisir manifeste à nous conduire à l'essentiel en une synthèse claire, pratique, particulièrement vivante et attrayante à parcourir.

Si nous, les lecteurs, nous nous laissons aller en confiance (excellente disposition à l'état sophronique) c'est que nous percevons d'emblée la règle, le contrat primordial que l'auteur s'est donné à lui-même : le souci d'une objectivité optimale.

Certes, *être objectif* c'est au moins savoir qu'on ne peut l'être jamais *tout à fait*... en essayant comme on peut de remédier à cet écart.

Or je peux témoigner pour Pascal de sa préoccupation constante d'équité, de son esprit d'ouverture dans la préparation de cet ouvrage en vue de donner, de la sophrologie comme des sophrologues, un reflet aussi juste et complet que possible.

Avez-vous remarqué comment dans le quotidien l'appellation *sophro* est volontiers utilisée, escamotée avec un soupçon de tendresse, comme il est coutume de le faire pour un familier ? Un diminutif pourtant, par définition... ça diminue.

Et nous autres, les praticiens de la sophro, sommes nombreux à être justement très attachés au *logos (étude, science)* apposé au vocable.

Un *logos* rassurant car destiné à protéger des croyances béates, des marchands de tout poil et autres thérapeutes pour bien portants qui se répandent sans vraies compétences dans les secteurs du développement personnel où l'on trouve un peu de tout et pas mal de n'importe quoi.

Un *logos* exigeant parce que notre approche doit être constamment soumise à l'épreuve de la réalité, faire autant que possible l'objet de recherches, d'évaluations, d'analyses critiques, dans un chassé-croisé dynamique entre théories et pratiques, à l'instar de toutes les disciplines scientifiques.

Nous ne soutenons pas une sophrologie – pourtant très féconde à ses moments fondateurs – qui s'en tiendrait à la démarche unique et autosuffisante d'un maître voulant imposer ses spéculations introspectives en un corpus de vérités à propager sans modération ni discussion pour le salut présumé de l'humanité (sic).

Une telle sophrologie, au bas mot préscientifique, tournerait sur elle-même comme une vis sans fin, frappée d'hermétisme, de sectarisme et échapperait au réel.

Pascal Gautier inspire toute confiance à ce sujet : pointant de son doigt connaisseur les zones les plus solides, les plus fertiles du champ de la conscience et de ses modifications, il nous prévient aussi des terrains plus périlleux ou des risques d'impasse, sans jamais nous forcer à le suivre dans ses propres points de vue.

« Quand le sage montre la lune, l'idiot regarde le doigt » prétendrait un proverbe chinois.

L'auteur nous préserve ici de tout rapport hypnotique qui nous inciterait à demeurer béatement fascinés par son magistère. Il prend juste soin d'éclairer le sentier, nous invitant à le parcourir en toute liberté, dans cette relation *adulte-adulte* justement préconisée par la sophrologie.

Nul besoin d'être visionnaire pour être certain que cet ouvrage paraîtra en toutes premières références dans les bibliographies sur la sophrologie.

Il fera gagner beaucoup de temps aux sophrologues en formation qui y trouveront un *essentiel pré travaillé* leur évitant de se disperser dans des lectures accrocheuses et simplettes qui fleurissent sur le sujet *(« Aspirez à l'harmonie en respirant par le ventre »*, pour en résumer la substance).

Il réjouira aussi franchement tous ceux qui, n'y connaissant rien ou à peu près, cherchent un ouvrage de sensibilisation accessible, avec des exercices efficaces à expérimenter par soi-même... Possible avant-goût d'un travail personnel plus conséquent à poursuivre avec un sophrologue, si bonne affinité avec la méthode.

Ce retour de Pascal Gautier à nos fondamentaux ne laissera en fait aucun praticien indifférent : il offre une belle occasion à chacun d'interpeller ses propres positions, son propre cheminement en regard des référents essentiels de la sophrologie.

Où l'on comprendra que cette approche, comme toute expérience humaine qui se décline au singulier, s'élabore aussi à plusieurs voix.

Bernard ETCHELECOU
psychologue clinicien,
psychothérapeute,
enseignant à l'Institut européen
de sophrologie du travail (Luxembourg).

Préface à la deuxième édition

Écrire au sujet de la Sophrologie, décrire ce qu'elle est et recouvre tient de la gageure. Véritable défi que Pascal Gautier a relevé avec brio.

Son ouvrage, clair et concis, ne cède pas à la facilité pas plus qu'à une forme d'ésotérisme qui ne ferait que mettre encore plus à distance d'un public non averti cet outil formidable qu'est la Sophrologie.

Je connais Pascal depuis plus de vingt ans – j'ai eu le plaisir et le privilège de le compter parmi ceux que j'ai formés (il a ensuite complété sa formation auprès du fondateur de la sophrologie) – et le succès de la première édition de son livre ne m'étonne pas.

Pascal est quelqu'un de rigoureux, clair. Il sait parfaitement exposer les sujets les plus difficiles, pourvu qu'ils entrent dans son champ de compétence, ce qui est le cas de la Sophrologie.

Praticien en sophrologie, il en connaît les tenants et aboutissants. Formateur en sophrologie, il en a pénétré toutes les arcanes, aussi sa légitimité pour rédiger un tel ouvrage est-elle évidente.

Merci Pascal.

Bernard Santerre

masseur-kinésithérapeute, sophrologue depuis 1972,
fondateur de l'Institut de Sophrologie de Rennes (1981),
président du Syndicat des Sophrologues Professionnels
(2004-2009).

Avant-propos

Si pour nous la sophrologie est avant tout une expérience, nous vous proposons au fil des pages de vous dire tout ce que vous souhaiteriez savoir sur cette approche... sans avoir jamais osé le demander. Nous tenterons ainsi de l'expliquer, de la démystifier et de présenter pour cela ses fondamentaux, à la fois de manière complète, précise et la plus objective possible.

Une première partie de cet ouvrage présente les origines, les principes et les fondements, les différentes applications et orientations de la sophrologie.

Vous saurez, avec la seconde partie, comment cela se passe en pratique et à quoi cela sert concrètement. Il vous est d'ailleurs possible de commencer par découvrir la pratique de la sophrologie avant d'éclairer vos connaissances avec les descriptions plus théoriques du début du livre.

La lecture de Bernard Etchelecou, *Comprendre et pratiquer la sophrologie*, aux mêmes éditions, permet aux lecteurs qui le souhaitent d'aller plus loin.

Si cette découverte de la sophrologie vous donne envie de passer à l'expérimentation, quelques coordonnées de sites Internet vous sont proposées à la fin de l'ouvrage.

Le livre se termine par un glossaire de plus de soixante dix entrées. Pour chacune des deux parties, et la première fois qu'apparaît un des termes définis, il est suivi d'un astérisque.

Vous souhaitant une agréable lecture et de nouvelles découvertes...

> « Ayez une conscience qui sache distinguer ce qui est important de ce qui est intéressant mais superficiel. » (K. Dürckheim, *L'esprit guide*, 1985.)

Partie I

Qu'est-ce que la sophrologie ?

Histoire et origines de la sophrologie

« Nous ne voyons pas les choses comme elles sont,
nous les voyons comme nous sommes. »
Le Talmud

Les questions auxquelles répond ce chapitre :

- Comment définir la sophrologie ?
- Comment est-elle née ?
- Quels sont ses liens avec l'hypnose ou les méthodes de relaxation ?
- Quel est l'impact de la phénoménologie sur la sophrologie ?
- Quels sont ses liens avec l'Orient ?

Qu'est-ce que la sophrologie ?

Une définition de la sophrologie

La sophrologie peut se définir comme « une pédagogie de l'existence » (A. Caycedo) qui vise, selon moi, la conquête ou le renfort de l'équilibre entre ce que nous ressentons (sensations, émotions), pensons (cognitions, croyances) et nos actions.

La sophrologie est :

- une science[1] qui étudie la conscience* humaine harmonieuse, la notion de conscience en sophrologie renvoyant à la force d'intégration de toutes nos expériences (physiques, psychiques, spirituelles) ;

et surtout ;

- une pratique avec un ensemble de techniques et de méthodes à médiation corporelle.

Étymologie

« Sophrologie » vient de trois mots grecs[2] :

- *Sos :* exempt de maladie, équilibré, harmonieux ;
- *Phren* : diaphragme, âme affective et par extension, esprit, conscience ;
- *Logos* : science, étude, discours.

Sophrologie peut ainsi se traduire par *l'étude de la conscience harmonieuse.*

Au croisement de l'hypnose moderne[3], de la relaxation occidentale et de certaines formes de méditations orientales adaptées, elle permet à chacun de trouver de nouvelles ressources en lui-même et d'améliorer sa qualité de vie.

La sophrologie vise ainsi, à travers une pratique quotidienne, l'harmonie de l'être humain : vaste programme !

En fait, il ne s'agit pas de « voir la vie en rose » ou de se détacher de la réalité. Les difficultés quotidiennes, le « négatif » sont inhérents à la vie. Mais il s'agit de sortir d'une vision non

1. Science d'inspiration phénoménologique, rigoureuse mais non exacte.
2. CAYCEDO A, *Dictionnaire abrégé de sophrologie et relaxation dynamique*, Emegé, 1972.
3. Lire par exemple BIOY A., *Découvrir l'hypnose,* InterEditions, Paris, 2007.

réaliste ou négative pour voir les choses telles qu'elles sont (dans la limite du possible), et renforcer le positif que nous avons en nous.

Une brève histoire de la sophrologie

Alfonso Caycedo, neuropsychiatre colombien[1], crée à Madrid en 1960, ce qu'il nomme « la fille de la médecine ».

> « J'ai créé la Sophrologie comme une discipline de recherche de la conscience harmonieuse dans le cadre de la psychiatrie hospitalière à l'hôpital provincial de Madrid en 1960. J'ai créé alors le nom *Sophrologie* pour désigner ce premier service hospitalier pour lequel je conçus la devise *Ut conscientia noscatur* qui signifie *pour que la conscience soit connue*[2]. »

A. Caycedo rappelle souvent ses premières rencontres avec la conscience pathologique. Celles-ci l'ont profondément marqué, à tel point qu'il envisage un moment une réorientation professionnelle !

En tant que jeune interne dans le service de neuropsychiatrie dirigé par le Professeur Juan José Lopez Ibor (Madrid, 1959), il est en effet souvent chargé d'administrer des traitements d'électrochocs ou provoquer des comas insuliniques. Il s'interroge alors sur la nécessité d'altérer la conscience comme thérapeutique.

1. A. Caycedo, d'origine basque espagnole, est né en 1932 à Bogotá (Colombie).
2. CAYCEDO A., éditorial de la revue *Sophrologie Caycédienne*, n° 49, juin 2007.

D'abord expérimentée dans le cadre de la psychiatrie, la sophrologie recherche de nouvelles méthodes de soins.

Elle est définie alors comme :

> « [une] nouvelle École Scientifique qui étudie les modifications de la conscience humaine, produites par différents procédés (psychologiques, physiologiques, chimiques, etc.) pour son emploi en clinique et en investigation[1]. »

L'hypnose : les premiers pas de la sophrologie

A. Caycedo s'initie d'abord à l'hypnose clinique, notamment auprès du docteur André Cuvelier, à Nancy, dont il traduit la thèse[2] en espagnol.

> « Lorsque l'hypnose est utilisée, une personne (le sujet) est guidée par une autre (l'hypnotiste) à l'aide de suggestions afin de modifier son expérience subjective, altérer ses perceptions, sensations, émotions, pensées et comportements[3]. »

Après avoir expérimenté cette méthode, il s'en détache progressivement :

- ses observations cliniques ne coïncident pas toujours avec les descriptions des auteurs de l'époque ;
- le patient est trop sous la dépendance du thérapeute ;
- toutes les personnes ne sont pas réceptives à cette approche ;

---

1. CAYCEDO A. et coll., *Progrès en sophrologie*, Société centrale de sophrologie et médecine psychosomatique, Barcelone, 1969.
2. Le titre de cette thèse est *L'école hypnologique de Nancy*. A. CUVELIER (1925 - 2000), disciple de COUÉ, se situe dans la lignée de BERNHEIM et LIEBAULT.
3. Définition de l'*American Psychological Association* citée par BIOY A., 2007.

- l'hypnose inhibe les structures rationnelles de la conscience et ne permet pas au patient d'être entièrement acteur de sa guérison.

En proposant un nouveau terme[1], il veut non seulement se dégager de la pensée magique associée à l'hypnose (traditionnelle), mais surtout ouvrir un nouveau champ de recherche, avec une approche phénoménologique (voir page 11) et de nouvelles propositions.

Les méthodes de relaxation, une approche plus comportementale

Dans cette optique de nouvelles thérapeutiques, A. Caycedo complète ses travaux et recherches avec les méthodes de relaxation pratiquées alors en médecine, notamment :

- Le *training autogène* (ou « méthode de relaxation par autodécontraction concentrative » ou « auto-hypnose[2] ») du médecin allemand J.H. Schultz (1884-1970). Il est basé sur des suggestions de sensations (lourdeur, chaleur, etc.) et fut élaboré en 1920 à partir des descriptions de ces sensations par des patients sous hypnose.
- La *relaxation psychotonique* du neuropsychiatre et psychanalyste espagnol J. de Ajuriaguerra (1911-1993). Il s'agit d'une psychothérapie à médiation corporelle, basée sur la méthode de Schultz et la psychanalyse.
- La *relaxation progressive* du médecin américain E. Jacobson (1888-1983), démontrant que le relâchement musculaire

1. Le terme de *sophrosyne* fut un moment proposé avant le terme définitif de *sofrologia* en espagnol, *sophrology* en anglais et *sophrologie* en français.
2. *Le training autogène*, PUF, 1958, 1991 pour la onzième édition.

aboutit à la détente mentale. Cet auteur propose aussi une *relaxation différentielle* applicable aux situations quotidiennes.

Avec ces méthodes apparaissent :

- La notion *d'entraînement* personnel et d'autonomie du patient (notamment avec les méthodes de Schultz et Jacobson) et l'utilisation de supports à domicile (cassette audio et guide d'entraînement) ;
- L'importance de *l'expression des ressentis* corporels ou des émotions (Ajuriaguerra), oralement ou par écrit (relevé d'auto-observation[1]).

Précisons dès maintenant que la relaxation est l'un des moyens de base utilisé en sophrologie, non le but. La sophrologie propose en effet plusieurs moyens pour finalement avoir une existence (plus) harmonieuse et adaptée.

Nous présentons, ci-dessous et à titre d'expérience, une relaxation introductive, basée sur deux techniques sophrologiques que vous pouvez reproduire chez vous.

La seconde de ces techniques peut être rapprochée de la méthode mise au point par H. Benson[2].

Celui-ci proposait de prononcer mentalement le mot « one » (pour les anglophones) sur chaque expiration pendant dix à vingt minutes, en respiration ordinaire (sans rétention d'air).

---

1. L'évolution ne peut se faire que par l'union du souvenir, de l'émotion et du langage, selon J. DONNARS, cité par B. ETCHELECOU (2007) qui développe cet aspect.
2. BENSON H., *The relaxation response*, 1976, traduit la même année aux éditions Tchou, sous le titre *Réagir par la détente*.

L'auteur conseillait de pratiquer cette technique une ou deux fois par jour, « jamais lors des deux heures qui suivent un repas », sans rechercher à atteindre une profonde détente.

Comme H. Benson, nous vous proposons de conserver une attitude passive (*a let it happen attitude*) et de laisser la détente éventuelle se produire à son propre rythme.

Lorsque des pensées vagabondes se présentent, il suffit de les laisser passer, sans s'y attarder, et recommencer à se centrer sur l'exercice.

Ce type de protocole[1]*, s'il peut suffire en lui-même, est souvent une amorce à d'autres techniques qui seront indiquées dans la seconde partie de cet ouvrage.

Techniques introductives à la sophrologie

(Mise en place)

Asseyez-vous dans la position de votre choix. Mobilisez votre corps librement en vous intéressant à toutes les informations corporelles apportées par les mouvements.

- Vous pouvez ensuite fermer les yeux, vous centrer davantage sur vous-même.

(Première technique)

- Relâchez les muscles, au rythme de deux à cinq respirations par régions corporelles dans l'ordre suivant[2] :

1. tête et visage ;
2. cou, épaules, membres supérieurs ;

1. * Rappel : les mots du glossaire, rencontrés la première fois dans la première ou la deuxième partie, sont repérés par un astérisque.
2. D'autres ordres sont possible, le tout étant de ne pas oublier ou privilégier des lieux du corps. En sophrologie, la proposition va de la tête aux pieds avant la globalité corporelle.

3. thorax (dont région dorsale) ;
4. région lombaire et abdominale, la respiration ;
5. bassin, membres inférieurs ;

- Accueillez les sensations au niveau de la globalité du corps...
- Respirez tranquillement par le nez. Prenez conscience de votre respiration pendant plusieurs cycles respiratoires tout en continuant d'accueillir toutes les autres informations corporelles.

(Seconde technique)

- En fin d'inspiration, marquez un peu plus le temps de rétention (en 1 sec. ou 2). Sur chaque expiration lente, prononcez alors mentalement un mot qui évoque pour vous le calme, la tranquillité, la relaxation. En même temps, intéressez-vous à tout ce que cela produit en vous. Faites cela sur plusieurs respirations successives : inspiration ordinaire, courte rétention, toujours le même mot sur chaque expiration. Continuez pendant une ou plusieurs minutes (avec au moins six cycles respiratoires).
- Arrêtez l'exercice, laissez la respiration se faire d'elle-même. Continuez quelque temps à apprécier simplement l'instant.

(Fin de séance)

- Préparez-vous à terminer l'expérience. Prenez conscience du lieu, du moment. Augmentez progressivement votre tonus : prenez trois grandes inspirations, mobilisez doucement votre corps puis avec plus d'intensité, en vous étirant si vous le voulez, avant d'ouvrir les yeux.
- Vous pouvez alors rédiger en quelques mots les sensations, impressions de cette expérience.

La phénoménologie, l'expérience pour l'essence de la conscience

A. Caycedo s'est intéressé à la phénoménologie comme méthode de recherche.

Sa rencontre avec le psychiatre suisse Binswanger (1881-1966), disciple de Husserl et de Heidegger, sera pour lui décisive.

Alors qu'il est médecin psychiatre stagiaire dans le Sanatorium Bellevue de Kreuzlingen (Suisse), il s'initie, en 1963 et 1964, par l'intermédiaire de celui qu'il considère comme son Maître, à la psychiatrie phénoménologique et existentielle. Cette approche l'invite à un changement de regard sur la pathologie et l'étude de la conscience.

La phénoménologie

Initiée par Husserl (1859-1938), la phénoménologie est l'étude du phénomène* en tant que tel, c'est-à-dire de ce qui apparaît à la conscience ici-et-maintenant. Elle cherche pour cela à se placer au niveau de l'expérience.

Husserl propose une démarche en quatre étapes :

- le retour intentionnel aux choses mêmes, aux phénomènes ;
- la suspension du jugement (épochè), en abordant les choses « comme si c'était la première fois », une « mise entre parenthèses » de nos fonctionnements psychiques habituels, naturels, il s'agit notamment de mettre de côté nos connaissances, préjugés et habitudes qui font obstacle à l'accès à notre conscience elle-même ;
- la captation pluridimensionnelle ou l'universalité des choses, à la recherche de nouveaux sens ;
- l'utilisation de l'intuition pour appréhender l'essence des choses, au-delà de la perception et de la réflexion.

Pour rendre possible cette science, il faut donc « revenir aux choses mêmes » : les décrire telles qu'elles se présentent en réduisant « les éléments psychiques ou empiriques du donné

☞

immédiat (les faits) pour ne conserver du phénomène que sa pure essence universelle[1] ».

La phénoménologie a un impact important sur l'élaboration et l'animation de la sophrologie. L'expérience subjective de chaque participant prime sur les connaissances du sophrologue. Ce dernier peut passer du statut de thérapeute ou de guide (celui qui sait et peut imposer) à celui de passeur (qui s'efface devant l'autre), notamment lors de l'échange qui suit l'expérience.

Ainsi, nous pouvons avoir l'impression de connaître notre corps sous prétexte que nous en avons un savoir livresque et nous croyons en avoir la connaissance. Certaines techniques de sophrologie nous proposent une découverte de notre corps, à travers nos sensations, y compris proprioceptives* ou intéroceptives*, en nous plaçant à chaque expérience dans une attitude neutre, « comme si c'était la première fois[2] », sans interprétation ni comparaison de ce qui se présente à la conscience, à chaque instant.

> « L'expérience immédiate et renouvelée de mon corps par la sophrologie me fait prendre conscience que je n'ai pas simplement un corps mais que je suis mon corps[3]. »

Le sophrologue d'inspiration phénoménologique induit le moins possible de phénomènes pour laisser au maximum place à l'expérience (laisser l'autre être). Il n'est pas dans une relation

---

1. Esposito R., *Mais... qu'est-ce que la phénoménologie ? Selon Husserl*, édition ISR, Nantes, 2001.
2. De fait, il s'agit objectivement toujours d'une première fois !
3. Esposito R., cours à l'Institut de Sophrologie de Rennes, 2007.

de domination au profit d'une « acceptation inconditionnelle de l'autre » (C. Rogers) et dans une attitude d'ouverture. Il utilisera lors de l'animation un langage le plus neutre et simple et épuré que possible, adapté toutefois à chaque situation : le *terpnos logos** remplace la suggestion hypnotique.

Il s'agit là d'un premier tournant pour les techniques utilisées jusqu'alors en sophrologie, techniques qui restaient très proches de l'hypnose pratiquée alors en Europe.

Ainsi, dans l'exemple pratique donné page 9, la proposition « relâchez les muscles » peut, dans cette optique, être remplacée par « accueillez (ou constatez) les sensations ».

Inspiré de la notion de temporalité de Heideger, A. Caycedo met au point de nouvelles techniques pour enrichir le présent des patients de leur passé et les aider à se projeter positivement dans le futur.

Précisons aussi que A. Caycedo justifie, par la phénoménologie, l'utilisation « d'une sémantique correcte et originale » avec de nombreux néologismes. Il souhaite ainsi éviter les ambiguïtés du langage naturel et la confusion avec les expériences ou représentations initiales pour une prise de conscience plus phénoménologique des expériences.

Toutefois, si un langage opératoire permet aux experts de communiquer avec plus d'efficacité, nombreux sophrologues sur le terrain suppriment les néologismes. Ceci pour mieux s'adapter à leurs patients ou élèves et éviter un discours perçu comme ésotérique ou provoquant une rumination mentale, contraire aux objectifs proposés.

Les apports orientaux, la conscience corporelle dans l'instant

Interpellé par certaines descriptions de la conscience d'ouvrages de yoga[1] et encouragé par le phénoménologue suisse Binswanger à entreprendre ce voyage, Caycedo séjourne plus de deux ans en Orient (1965-1968).

Par l'intermédiaire de médecins indiens, il se rend d'abord en Inde. Il s'initie au *Raja Yoga* (ou *Yoga Royal*) dans l'*ashram* de Swami Anandanand puis prend contact avec Sivananda et des adeptes du Yoga intégral de Sri Aurobindo.

Encouragé par toutes ces rencontres, A. Caycedo est ensuite mis en relation avec le Dalaï Lama, à Dharamsala, au nord de l'Inde, qui lui permet de découvrir le Vajrayana du bouddhisme tibétain, et d'autres moyens de modifier volontairement les états de conscience.

Finalement, il se rend au Japon où des maîtres Zen de différents monastères lui enseignent la difficile ascèse du Zen.

Les premières formes de « relaxations dynamiques de Caycedo® » sont mises au point et éprouvées.

> « La méthode de Relaxation Dynamique est un système d'entraînement psychophysique que j'ai élaboré sur la base de procédés orientaux, dont l'objectif principal est l'action bienfaisante, directe et progressive sur la conscience[2]. »

1. Son mariage en 1963 avec une française passionnée de yoga n'y est pas pour rien !
2. Caycedo A., 1969, *op.cit.*

La relaxation dynamique de Caycedo

- Le *premier degré* s'inspire du yoga indien (respiration, dynamisation corporelle, concentration, etc.) ;
- Le *second* est influencé par des pratiques bouddhiques tibétaines de contemplation ;
- Le *troisième*, enfin, s'appuie sur la méditation zazen japonaise.

La sophrologie vise à rendre plus accessibles à notre esprit occidental les techniques orientales, en abandonnant notamment l'aspect philosophique et religieux initial. Il ne s'agit pas de contrefaire les méthodes orientales[1] mais plutôt d'éprouver, sous une forme adaptée, de nouveaux moyens de modifier volontairement nos états de conscience.

Si les techniques initiales restaient très proches de l'hypnose, les relaxations dynamiques permettent de nouvelles applications de la sophrologie. Avec les relaxations dynamiques, l'accent est mis sur la corporalité* : la base de la conscience est organique en même temps que l'arbitraire de la dualité corps-esprit est souligné. Activer le corps avec présence (pour ne pas dire « en conscience ») est le premier moyen de mobiliser la conscience, d'où l'importance du mouvement, de la posture* et du changement de posture dans une même pratique. Lorsqu'on est allongé, le corps peut être oublié et les structures de la conscience sont plus difficiles à activer positivement : la relaxation dynamique se pratique debout et assis.

Le suisse R. Abrezol – qui a contribué au développement de la sophrologie en Europe a, par exemple, mis au point la

1. A. Caycedo continue à souligner son respect vis-à-vis des maîtres orientaux, qui se doivent, selon lui, « d'être de grands psychothérapeutes ».

sophro-pédagogie sportive en préparant les seuls médaillés suisses aux Jeux Olympiques de Grenoble en 1968[1].

Selon Abrezol et beaucoup d'autres sophrologues, c'est à partir des relaxations dynamiques que la sophrologie s'éloigne définitivement de l'hypnose, du moins telle qu'elle était pratiquée alors en Europe : B. Etchelecou (2007) souligne toutefois et avec pertinence les liens de parenté et différences entre la sophrologie et l'hypnose éricksonnienne.

Fin de la fondation de la sophrologie

L'époque de fondation de la sophrologie prend fin en 1968 avec le retour de Caycedo en Espagne. Il est nommé Professeur de psychiatrie à la faculté de médecine de Barcelone.

La sophrologie doit faire ses preuves : un important travail d'expérimentation et de recherche est ainsi réalisé par Caycedo et ses collaborateurs, accompagné d'un travail de diffusion scientifique[2].

Actualisations et critiques

Après avoir initié l'entraînement sophrologique au niveau collectif à Paris en 1974, Caycedo confirme, trois ans plus tard au Brésil, son ambition d'ouvrir la sophrologie au niveau social. En 1978, il introduit la sophrologie sociale en Colombie avant d'ouvrir la première Université de sophrologie sociale (Bogotá, 1982). Il crée le quatrième degré de la relaxation dynamique.

1. ABREZOL R., *Sophrologie et sports*, Chiron Sports, 1985.
2. Voir par exemple, *Progrès en sophrologie*, *op. cit.*

Devant le constat de certaines dérives ou utilisations faussées du terme sophrologie, Caycedo décide, en 1988, de faire de sa méthode et de son enseignement une marque commerciale déposée : elle devient la « sophrologie caycédienne® ». Depuis cette même année, il est installé en Principauté d'Andorre.

En 1992, Caycedo présente – au sixième congrès européen de psychiatrie de Barcelone – les bases de ce qui devient le deuxième cycle de formation. Il désigne la même année les premières « écoles caycédiennes » francophones, seules habilitées à conduire la formation de base (cycle fondamental) de sa méthode. Il n'est plus nécessaire d'être médecin ou professionnel du paramédical pour devenir sophrologue.

Avec de nouvelles perspectives et en élargissant ses domaines d'application ainsi que l'acception de la conscience[1], la définition de la sophrologie s'en trouve modifiée :

> « La sophrologie est l'étude de la conscience humaine et des valeurs* existentielles de l'être. » (Caycedo, 1994.)
>
> « La sophrologie est un terme créé par le Pr. Alfonso Caycedo, médecin neuropsychiatre orienté par l'école de Psychiatrie Phénoménologique et Existentielle, pour désigner une méthode scientifique qu'il a conçue pour l'étude de la conscience et pour **maîtriser l'équilibre corps-esprit**, avec des procédés vivantiels* qui lui sont propres. » (Caycedo, 2006.)
>
> « La sophrologie est un terme créé par le Pr. Alfonso Caycedo pour nommer l'étude de la conscience en médecine ayant évolué postérieurement en différentes directions ». (Caycedo, 2010)

Caycedo a créé en 2001 le « Système Caycédien », présenté comme la structuration définitive de la « Méthode Alfonso

1. Voir chapitre spécifique à partir de la page 23.

Caycedo® ». L'ensemble de la méthode de relaxation dynamique comprend finalement douze degrés.

Ces degrés peuvent être comparés à ce que les arts martiaux japonais désignent par *katas*[1], c'est-à-dire, un enchaînement de mouvements codifié, une « forme » originelle, transmise par les fondateurs pour synthétiser leur art.

Toutefois, l'apprentissage des différents degrés de la relaxation dynamique n'exige pas tant de perfectionnisme que dans les *katas* japonais : la forme importe moins que la dynamique, que l'intentionnalité et surtout que l'expérience personnelle.

En fait, seuls les quatre premiers degrés sont pratiqués couramment et les trois premiers ont été pendant de nombreuses années les seuls proposés par Caycedo et éprouvés scientifiquement. Les autres degrés de la relaxation dynamique utilisent des stimulations sonores audibles ou intériorisées. Ces degrés et les hypothèses théoriques correspondant ne sont pas sans intérêt mais nous semblent difficilement applicables dans un cadre professionnel.

Une pratique régulière du seul premier degré peut s'avérer, selon nous, suffisante : plus que la « quantité » (apprentissage de plusieurs degrés, plusieurs méthodes ou disciplines), il nous semble plus juste de privilégier la qualité (être présent, conscient aux informations toujours nouvelles d'un geste simple du premier degré, par exemple) et la répétition.

En 2005, la méthode est de nouveau actualisée, quelques années après l'intégration des « systèmes corporels » (voir page 97) dès le premier degré de la relaxation dynamique. La nouvelle méthode doit mener, selon Caycedo, « à la découverte vivantielle des trois formes de conscience de la biologie humaine : la conscience tissulaire, la conscience cellulaire et la conscience moléculaire » (?!).

1. FERNANDEZ L., *La sophrologie expliquée aux sportifs... et aux autres*, Amphora, 1996.

Caycedo déclare 2007 comme « année d'alarme sociale pour les sophrologues caycédiens à cause de la maladie de masses qui s'est convertie en une pandémie qui attaque les bases de notre civilisation. La diffusion urgente de la méthode Caycedo® ou Méthode Isocay® est proposée comme réponse[1] ». Ces propos paraissent à beaucoup excessifs, dénotant aussi une « radicalisation » idéologique que l'on n'est pas obligé de suivre quand on est sophrologue : nous pouvons comprendre les prises de distance d'anciens « sophrologues caycédiens® », malgré l'intérêt certain de la méthode initiale...

Le fondateur de la sophrologie délègue de plus en plus à sa fille Nathalia Caycedo les cours magistraux et l'animation des séances, face aux « sophrologues caycédiens® » en devenir ou qui viennent assister aux mises à jour obligatoires...

Conclusion

Ainsi, régulièrement les méthodes sont modifiées, actualisées. Ces changements montrent aussi la volonté de Caycedo de faire sans cesse évoluer la sophrologie, ce qui n'est pas toujours sans provoquer des heurts ou ruptures[2].

Si la sophrologie reste une méthode efficace pour la conquête de notre bien-être bio-psycho-social, je regrette, pour ma part, que Caycedo soit passé de l'étude éclectique et prometteuse de la conscience humaine à ce qui semble davantage « l'investigation

1. CAYCEDO A., revue *Sophrologie Caycedienne* ®, n° 47, première de couverture, décembre 2006.
2. Voir *Les courants en sophrologie ou la sophrologie plurielle,* page 62.

de *sa* propre conscience[1] » en soumettant ses propres conclusions comme autant de théories. D'autant que le fondateur de la sophrologie n'a plus de contacts directs avec de « vrais » patients ou élèves, et ce depuis 1988 et semble faire parfois preuve d'une certaine hégémonie (voir page 63).

La majorité des sophrologues professionnels restent critiques et ouverts, privilégiant le pragmatisme et recherchant plus de simplicité et d'authenticité. Ceci pour le plus grand bénéfice de leurs élèves ou patients.

1. Salem G., Bonvin E., *Soigner par l'hypnose*, Masson, 1999.

Tableau 1.1 ■ Tableau récapitulatif

1960 – 1968 Fondation	Création de la sophrologie, service de neuropsychiatrie du Pr. Lopez-Ibor (1960, Madrid) – Pr. Binswanger, la psychiatrie phénoménologique (1963-64, Suisse) – Orient (1965-68, Inde, Japon) – Congrès de la Société Française de Sophrologie (sept.1968, Versailles).
1968 – 1982 Barcelone	A. Caycedo, Professeur de psychiatrie – Création de la méthode fondamentale – Congrès mondiaux de la sophrologie (oct. 1970 ; 1975) – Déclaration de Recife (1977, Brésil) ou Déclaration des Valeurs de l'Homme, et première actualisation fondatrice. A. Caycedo professeur *honoris causa* de l'Université de Pernambouc – Inauguration de la sophrologie sociale -Troisième congrès mondial (1982).
1983 –1988 Bogotá	Création de la branche sociale en Colombie – 4e degré de la Relaxation Dynamique (1985).
Depuis 1988 Principauté d'Andorre	Installation de Caycedo en Andorre - Quatrième congrès mondial (1988) - Dépôt de l'appellation « Sophrologie Caycédienne® » (1988) – Création des Masters (1989) .

Synthèse

La sophrologie est née dans l'après-guerre espagnole dans le cadre de la psychiatrie. Elle réalise alors une synthèse de méthodes et techniques visant la modification volontaire des états de conscience.

Si des experts réussissent à modifier volontairement leur état de conscience, notamment avec des techniques corporelles, peut-être est-il alors possible d'utiliser ces moyens pour sortir d'un état de conscience pathologique.

Des protocoles adaptés à partir de méthodes occidentales et orientales révèlent alors de nouvelles possibilités thérapeutiques, plus respectueuses de la personne.

Finalement, tout un chacun peut bénéficier de ces propositions pour rendre son quotidien plus paisible et harmonieux.

Principes et fondements de la sophrologie

« Existe-t-il une séparation entre le corps et l'esprit ?
Et si oui, lequel est-il préférable d'avoir ? » (Woody Allen)

Les questions auxquelles répond ce chapitre :

- Qu'est-ce que la conscience en sophrologie ?
- Quelles sont les théories fondatrices de la sophrologie ?
- Quels sont les principes fondamentaux de la sophrologie ?

La conscience en sophrologie

Définition

Le concept de conscience en sophrologie est central et spécifique. C'est, notamment en langue française, une notion ambiguë désignant à la fois la conscience morale (*conscience* en anglais, *Gewissen* en allemand) et la conscience psychologique (*consciousness* en anglais, *Bewusstsein* en allemand).

•••

•••

Si, dans un premier temps, Caycedo rejoint cette dernière notion et la définit comme une « force intégratice de tous les éléments et structures *psychologiques*[1] », il y ajoute plus tard la dimension corporelle, ce qui est cohérent avec sa conception de « l'homme comme un être indivisible, original et transcendant[2] ».

Sans parler de conscience, différents travaux scientifiques montrent que le cerveau n'est pas le seul système intelligent de notre corps, si l'on définit l'intelligence comme la capacité d'apprendre et de s'adapter à des situations nouvelles.

Nous aurions ainsi un « cerveau » enroulant notre tube digestif et notre intestin, constitué de quelque cent millions de neurones[3] dans un système autonome.

Les travaux davantage médiatisés au sujet de la variabilité sinusale ou « cohérence cardiaque[4] » soulignent par ailleurs une influence mutuelle du cerveau et du cœur – constitué lui aussi de neurones. La méditation, le yoga, et donc la sophrologie[5] permettent de « mettre en cohérence » notre « système cœur-cerveau[6] » et d'apprendre à mieux gérer nos émotions.

---

1. CAYCEDO A., 1972, *op.cit.*. C'est nous qui soulignons.
2. *Ibid.*
3. GERSHON M., *The second brain,* 1999, complétant les travaux de l'allemand Paul Trendelenburg (1917, 1921) et de l'américain John Langley (1921).
4. Grâce à David SERVAN-SCHREIBER et son livre *Guérir le stress, l'anxiété et la dépression sans médicaments ni psychanalyse,* Editions Laffont, 2003.
5. Nous avons, à l'aide d'un appareillage spécifique, testé plus d'une centaine de fois avec succès des exercices de base de sophrologie, debout, assis, yeux ouverts ou fermés.
6. SERVAN-SCHREIBER D., 2003, *op. cit.*

Pour la sophrologie, la conscience est avant tout une activité ou un processus. Elle y est définie comme **la force permettant l'intégration de toutes nos expériences**, la force qui nous anime, depuis notre conception jusqu'à notre mort. Elle ne s'y conçoit pas comme une simple fonction de rationalisation. Elle est dynamique et s'enrichit à chaque instant de tous nos changements physiques et psychologiques, qu'ils soient perceptibles ou non, conscients ou non.

Caycedo la définit comme « la force responsable de l'intégration existentielle de l'être[1] ».

Hypothèse des niveaux et des états conscience

Une des originalités de la sophrologie est de distinguer les **niveaux** des **états** de conscience. Cette hypothèse est présentée par un schéma en forme d'éventail (figure 2.1), correspondant à la présentation didactique fondamentale de A. Caycedo (1960).

Les états de conscience

Schématisés par l'axe horizontal (figure 2.1), ils correspondent à des variations qualitatives, subjectives. La sophrologie distingue fondamentalement trois états de conscience avec :

- La conscience *ordinaire ou naturelle* (C.O.), étudiée par la psychologie générale[2] ;
- La conscience *pathologique* (C.P.), étudiée par la médecine (pathologie physique), la psychiatrie et la psychopathologie (pathologie mentale) ;

1. CAYCEDO A., revue *Sophrologie Caycédienne*®, n° 48, mars 2007.
2. Pour être plus précis, il faudrait ajouter la psychologie expérimentale, différentielle, cognitive, de l'éducation, du travail, du développement, de l'enfant, la psychologie sociale, etc.

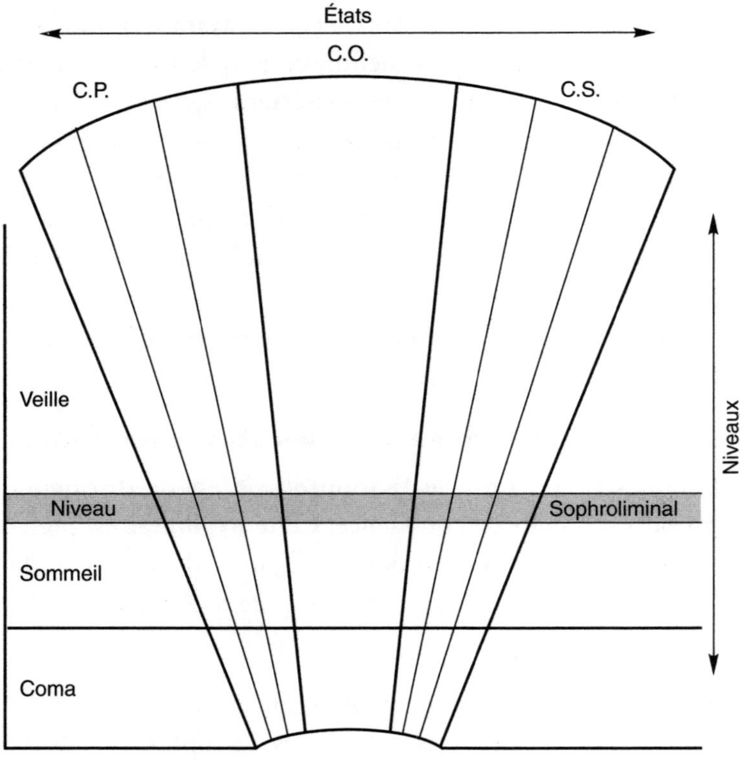

Figure 2.1 ■ États et niveaux de conscience en sophrologie, d'après A. Caycedo (1969, 1972)

- La conscience *sophronique* (C.S.), étudiée par la sophrologie. Elle correspond à une conscience harmonieuse, d'un point de vue biologique et psychologique. Il s'agit d'une conscience que l'être humain, dans sa liberté, peut conquérir[1].

Les niveaux de conscience

Schématisés par l'axe vertical, ils correspondent aux variations quantitatives de la vigilance[2]. Ils sont mesurables par l'électro-encéphalographe.

Pour simplifier, nous soulignons essentiellement trois niveaux de vigilance avec :

- la veille,
- le sommeil,
- un niveau entre veille et sommeil appelé niveau sophro-liminal[3] – NSL – en sophrologie.

Ce dernier niveau est donc vécu à chaque endormissement et réveil. Il s'agit d'un niveau de vigilance que nous apprenons progressivement à maîtriser en sophrologie. Il permet une plus grande acuité aux sensations et une dynamisation plus facile et rapide des structures profondes de la conscience.

> Lorsqu'une personne débute en sophrologie, il lui est souvent difficile de rester seule à ce niveau de vigilance particulier. Il n'est pas rare qu'elle « glisse » rapidement soit dans le sommeil (notamment lors des séances en phase digestive !), soit dans une veille trop attentive à d'autres informations que celles
>
> ☞

1. La sophrologie, depuis sa fondation, s'intéresse en fait aux trois états de conscience.
2. Ce sont donc des niveaux de vigilance.
3. Le terme *liminal* n'est pas un néologisme et qualifie ce qui est au niveau du seuil (tout juste perceptible).

proposées par la séance. Avec l'entraînement, cela devient de plus en plus aisé et rapide d'atteindre et de maintenir ce niveau.

Hypothèse des possibilités existentielles

Cette hypothèse fondamentale est illustrée par la figure 2.2.

Pour la sophrologie, chaque être humain a trois possibilités :

- être dans la conscience ordinaire ;
- tomber dans la pathologie, de manière transitoire ou définitive ;
- conquérir progressivement le monde de la conscience sophronique, également de manière transitoire ou définitive.

L'objectif de la sophrologie est bien sûr la conquête de la conscience harmonieuse.

> « Cela signifie pour l'individu un mieux-être, un bien-être, mais il s'agit surtout d'un changement radical de son *être-au-monde*, d'une autre façon de voir et de concevoir les choses[1]. »

Du bord du sommeil à l'éveil de la conscience

Les sophrologues* et sophronisants* expérimentés aux relaxations dynamiques, décrivent souvent leur « niveau sophroliminal » comme une nouvelle qualité de présence, une pleine conscience (*mindfulness*). Au lieu de se sentir au bord du sommeil, ils parlent plus volontiers d'un nouvel éveil de la conscience, qui se maintient au niveau de veille. Un peu comme si ce niveau de conscience devenait plus épais sur les figures

1. SANTERRE B., dans *Etats de conscience, sophrologie et yoga,* ETÉVENON et SANTERRE, 2006, page 69.

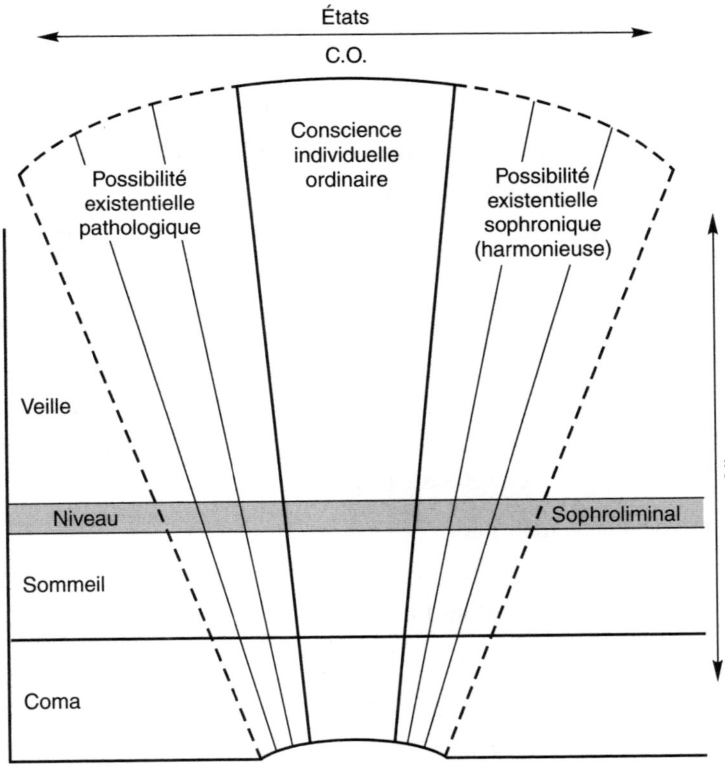

Figure 2.2 ■ Les possibilités existentielles, d'après A. Caycedo (1972)

précédentes, pour s'élargir de plus en plus, de gauche à droite, et finalement se confondre avec l'état sophronique[1].

1. Voir également SANTERRE B., 2006 page 70.

A. Caycedo modifie le schéma fondamental de l'éventail présenté en figure 2.1. Dans un premier temps (vers 1999), il élargit le NSL pour y figurer trois « couches[1] » :

- Une couche *supérieure*, au bord de la vigilance, activant et stimulant la conscience ;
- Une couche *moyenne*, optimale pour intégrer et équilibrer la conscience ;
- Une couche *inférieure*, au bord du sommeil, inhibant ou altérant la conscience.

À partir de 2001, il présente une « théorie actualisée » reprenant les trois couches précitées en les figurant au-dessus du NSL et en les rebaptisant respectivement :

- couche supra-liminale,
- conscience « Isocay® » (Isocay® pour « Intégration par la Sophrologie CAYcédienne®[2] » !),
- couche infra-liminale.

Le niveau de conscience recherché lors des pratiques n'est donc plus « au bord du sommeil » mais dans une « conscience vigile[3] ».

1. Voir par exemple, CHÉNÉ P.A., *Sophrologie tome 1, fondements et méthodologie*, 2001.
2. La volonté de Caycedo d'intégrer depuis quelques années son nom propre dans la sophrologie, voire même dans l'animation de séances, souligne une nouvelle fois notre critique lors de la conclusion du premier chapitre. Au nom de l'intérêt de la sophrologie, nous le regrettons.
3. CAYCEDO A., 2001, déclaration de Genève.

Pour faciliter la vigilance, A. Caycedo propose en même temps une posture assise tonique dite « posture Isocay® » (voir deuxième partie page 84).

Pour notre part, il nous semble plus simple de rester dans le schéma initial ou dans celui proposé en 1999. Le « quatrième état de conscience », pour prendre l'appellation également utilisée[1] pour le niveau sophroliminal souligné, est sans doute plus complexe que ne peuvent le présenter ces différents schémas : comment présenter objectivement le subjectif ?

Les structures de la conscience

La conscience est, selon une autre hypothèse sophrologique, constituée de trois types de structures (figure 2.3) :

- Les structures *présentes*, qui correspondent à ce qui est à notre conscience, ici-et-maintenant ;
- Les structures *sous-jacentes*, qui renvoient aux éléments non présents et inaccessibles en conscience ordinaire : biologie, ontogenèse, phylogenèse. Ces structures inconscientes agissent, « à l'insu de notre plein gré ! » ;
- Les structures *latentes*, intermédiaires entre les deux précédentes, constituées d'éléments accessibles mais non présents : souvenirs, contenus cognitifs individuels, etc.

De plus, il y aurait, dans chacune de ces structures, des unités représentées par les cellules biologiques. Ces unités seraient les supports de notre conscience.

1. Voir Dr. Bernard AURIOL, http://auriol.free.fr/. Les trois autres états de conscience étant la veille, le sommeil et le rêve.

La sophrologie désigne aussi ces éléments avec le nom de *valences**. Elles seraient de quatre catégories :

- Valences *positives* (+), structurantes ;
- Valences *négatives* (-), destructurant la conscience ;
- Valences *neutres* (N), qui peuvent potentiellement devenir négatives ou positives ;
- Valences *muettes* (M).

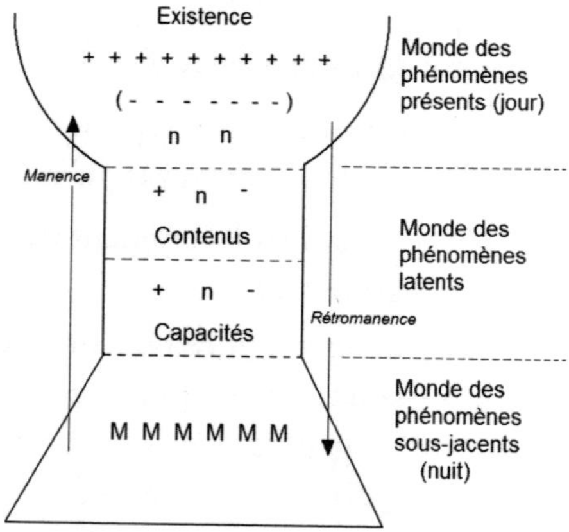

Figure 2.3 ▪ La « coupe de vie »

Le but de l'entraînement sophrologique est de « mettre entre parenthèses les valences négatives » (pendant la séance) et d'**augmenter le nombre de valences positives** de notre conscience (pour notre quotidien). Il s'agit de **dynamiser positivement** notre monde sous-jacent et latent (« rétromanence », flèche descendante sur la figure 2.3) vers notre monde présent et notre existence (« immanence » ou « manence », flèche ascendante[1]). La réto-manence est l'intégration dynamique de nos expériences vers la profondeur de notre conscience, notamment dans sa dimension biologique (lors d'une pause* d'intégration ou du sommeil) ; la manence est ce qui émerge de cette profondeur dans notre existence. Ce double mouvement d'intégration et d'expression est orienté positivement et activé plusieurs fois dans chaque pratique sophrologique.

Une autre manière de lire cette description est celle présentée par quelques sophrologues[2] reprenant la *théorie de l'iceberg*[3] (figure 2.4). Les structures présentes ne sont que la partie visible de l'iceberg :

Le niveau sophroliminal est aussi une ouverture de notre conscience (de notre « censure ») vers nos structures profondes (biologiques et psychologiques). Précisons ici que, si la sophrologie insiste sur l'activation du « positif[4] », il arrive que d'autres éléments émergent, d'où la nécessité d'être encadré par un sophrologue compétent.

Contenus et capacités de la conscience

A. Caycedo insiste sur la différence entre « contenus* » et « capacités* » de la conscience.

Les contenus de la conscience sont individuels, personnels (ex. : un souvenir) ;

1. « Théorie de l'intégration dynamique de l'être » selon Caycedo.
2. Par exemple, ABREZOL R., 1985, *op. cit* .
3. D'après Roland CAHEN, traducteur de Jung en français.
4. Voir les critiques de ETCHELECOU B., 2007 à ce sujet. Sachant que la perception du positif ou négatif est subjective.

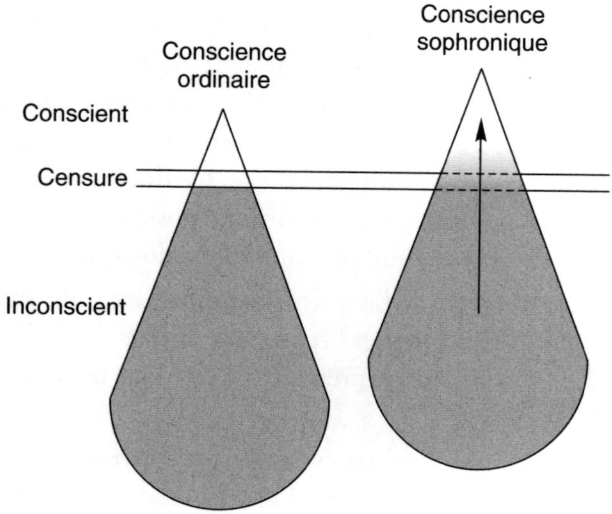

Figure 2.4 ▪ L'un des effets possibles de l'entraînement sophrologique

Les capacités sont universelles (ex. : la mémoire) et se trouvent dans les mondes latents et sous-jacents de la conscience (voir page 31). Ce sont autant de potentialités que la sophrologie se propose de (re)découvrir, conquérir et transformer pour une expression existentielle positive.

En 1983, époque de la création de la **sophrologie sociale** à Bogotá (Colombie), A. Caycedo et ses assistants proposent une liste non exhaustive de trente et une capacités. Trente-quatre sont aujourd'hui données comme autant d'hypothèses de travail que chacun pourrait renforcer[1].

1. Les trois plus récentes capacités sont en fin de liste.

Liste non exhaustive des capacités dynamisées en sophrologie

- La vigilance, le rythme nycthéméral
- Le schéma corporel comme réalité vécue
- La cénesthésie (sentiment de l'équilibre du corps)
- La kinesthésie (sensation du corps en mouvement)
- La sensation (les cinq sens, les sensations proprioceptives, intéroceptives)
- La perception (captation et interprétation de la sensation)
- L'émotion
- Le sentiment
- L'affectivité, l'amour
- La mémoire
- L'orientation espace-temps
- La pensée, la réflexion
- L'attention
- La concentration
- La contemplation (comme « constat de la présence »)
- L'association (d'une idée, d'une image, etc. à une autre)
- Le langage
- L'intelligence
- La communication
- La sexualité
- La conservation
- L'imagination
- La « supération » ou dépassement de soi
- La sociabilité
- La futurisation (liée à nos potentiels existentiels positifs)

☞

- L'entendement
- La rationalisation
- La réflexion
- La volonté
- La conscience morale
- L'apprentissage.
- La présentation (du phénomène)
- La prétérisation (activation et intégration positives des phénomènes passés)
- La totalisation (intégration profonde des phénomènes expérimentés)

Le sophrologue (non thérapeute) axe son travail sur les capacités de la personne, le thérapeute (ou sophrothérapeute[1]) peut davantage aborder les contenus personnels.

Les principes fondamentaux de la sophrologie

Après ce large détour théorique, intéressons-nous maintenant à ce qui peut, en pratique, spécifier la sophrologie d'autres propositions psychocorporelles. Une question qui se pose régulièrement au regard de certaines adaptations en clientèle est celle de savoir s'il s'agit « encore » de sophrologie. Il n'est pas rare en effet que certaines personnes sans scrupule (ni formation ou formées par correspondance !) s'autoproclament sophrologues en proposant quelque chose qui peut – au mieux

1. ETCHELECOU B., 2007, troisième partie.

– être intéressant mais souvent éloigné de ce qui est décrit dans cet ouvrage, au pire dangereux pour certaines personnes.

Pour notre part, nous nous appuyons sur la présence des trois premiers principes fondamentaux :

1. Est-ce que la pratique proposée mobilise la perception du corps – de préférence en mouvement (*principe du schéma corporel comme réalité vécue*) ?
2. L'animateur reste-t-il sur un projet de mobilisation volontaire d'émotions « neutres » (si cela existe !) ou « positives » (*principe d'action positive*) ?
3. Laisse-t-il à chacun la liberté d'adapter les propositions pendant la séance (attitude permissive) ? De s'exprimer ou non (*idem*), lors des animations en groupe ? Propose-t-il des animations proches des situations quotidiennes (debout ou assis, en pleine lumière... si c'est la réalité quotidienne des élèves ou patients) ? Respecte-t-il ses propres limites et applique-t-il ce qu'il propose (*principe de réalité objective*) ?

Revoyons plus précisément ces éléments, complétés par d'autres fondements.

Principe du schéma corporel comme réalité vécue

Ce principe est central et spécifique en sophrologie depuis l'apparition des relaxations dynamiques.

> « Toujours le corps (...) la perception corporelle. Le schéma corporel, c'est la base de la conscience. Le corps, c'est la présentation de la conscience. » (A. Caycedo)

Toute pratique de sophrologie débute par une prise de conscience corporelle, le plus souvent facilitée par des mouvements libres debout ou assis[1]. Il ne s'agit pas d'une visualisation de notre corps mais bien de le ressentir. Des mouvements simples, l'attention aux sensations ou à la respiration sont autant de moyens introductifs de centrage sur soi.

Les stimulations et les pauses d'intégration* proposées en relaxation dynamique*, notamment dans son premier degré, permettent ainsi d'affiner notre schéma corporel.

Le schéma corporel est une notion complexe et nous renvoyons le lecteur intéressé aux chapitres 10 à 12 du livre de B. Etchelecou déjà cité. Le schéma corporel renvoie essentiellement à deux aspects :

- *La dimension neurophysiologique* (image spatiale de notre corps, schéma postural), se construit à travers les sensations intéroceptives, proprioceptives et extéroceptives*. Elle est en constante évolution et se modifie au fil des apprentissages sensori-moteurs et des changements corporels.
- *La dimension psychoaffective* renvoie aux représentations qu'une personne se fait de son propre corps, à l'image de soi. Elle se construit essentiellement au cours du développement de l'enfant et de ses interactions sociales et affectives.

> « La liaison nécessaire (...) entre la perception, la sensation et la motricité, est largement mise à profit en Relaxation Dynamique où le geste suscite des sensations, cet ensemble étant lui-même rapporté à l'image de notre corps et aboutit au sentiment de l'unité de soi. » (Etchelecou, p. 118.)

1. La position allongée n'est aujourd'hui utilisée que pour certaines personnes pour qui l'assise est inconfortable. Il s'agit en effet d'expérimenter la sophrologie dans une situation proche de la réalité : en pleine lumière, sans musique ni autre artifice, debout ou assis, ceci pour pouvoir facilement l'appliquer au quotidien.

Il s'agit de vivre le corps tel qu'il est réellement (réalité vécue), non de le visualiser, l'imaginer ou de le fantasmer. Un décalage marqué entre la réalité et la représentation subjective de notre schéma corporel est source de troubles, allant du mal être (d'où peut-être les expressions du type « ne pas se sentir bien sans sa peau ») aux pathologies graves comme l'anorexie[1].

Caycedo (2003) précise que le schéma corporel est essentiellement « le sentiment du corps ». Il souligne ici ce principe utilisé en sophrologie, notamment lors de la relaxation dynamique du premier degré : l'important est l'expérience de la perception corporelle *ici-et-maintenant,* apportée par les stimulations.

Le schéma corporel est enrichi par les sensations perçues de manière beaucoup plus précise et complète au niveau sophroliminal (voir chapitre sur la conscience page 23) : tonus musculaire, mouvements, respiration, pulsations cardiaques, volumes, formes, équilibre, pesanteur, température, etc., y sont perçus progressivement avec plus d'acuité.

Il arrive parfois, lors des premières séances de relaxation dynamique, qu'un participant perçoive ainsi de « nouvelles » douleurs. Ceci peut s'expliquer par le fait que les stress se manifestent aussi par de nombreuses contractions musculaires. L'attention étant habituellement tournée vers les préoccupations quotidiennes, la personne maintient les tensions physiques et psychiques sans en avoir conscience. Une séance de sophrologie peut apporter un relâchement de ces tensions, et surtout leur prise de conscience, d'où les « nouvelles » douleurs, montrant finalement la voie vers un mieux être.

1. L'anorexie est une pathologie complexe qui ne peut pas être soignée par la seule sophrologie.

Le développement de la conscience corporelle marque ainsi une distinction nette d'avec l'hypnose ou certaines pseudo-sophrologies qui ne proposent que de la visualisation.

Renforcer l'action positive

Ce second principe consiste à renforcer ce qui est positif en nous, de le dynamiser. Selon ce principe, l'activation positive provoque un « effet boule de neige » sur toute la personne, au niveau émotionnel, comportemental et cognitif.

Une action positive sur l'une des capacités de la personne (voir page 33) à une répercussion positive sur l'ensemble de ses capacités.

D'une manière plus générale et selon la sophrologie, toute action positive dirigée vers notre corps[1] ou vers notre mental a une répercussion positive sur notre être tout entier.

> En pratique, le sophrologue propose, lors des premières rencontres, des stimulations corporelles et des évocations mentales « neutres » (voir deuxième partie du livre à partir de la page 75). Il peut aussi présenter une activation dynamique du corps, complétée plus tard par une ou plusieurs évocations mentales positives, le tout dans une optique de perceptions plaisantes. Il s'agit donc de s'appuyer sur des expériences simples.

Comme se plaît souvent à le souligner Bernard Santerre :

> « Au lieu de rechercher l'expérience extraordinaire (qui par définition reste exceptionnelle), il s'agit d'apprendre à valoriser l'ordinaire. »

1. L'action au niveau du corps réel (et non représenté) est l'un des éléments qui distinguent la sophrologie de la pensée positive, par exemple.

La définition de la sophrologie proposée par Bernard Jeanroy me semble aussi éclairante :

> « La sophrologie, c'est entrer en amitié avec soi-même[1]. »

Positif ou agréable ?

Le positif n'est pas toujours agréable (pensez à la désinfection d'une plaie), ni le négatif désagréable (la prise d'un toxique, par exemple). En sophrologie, le positif est ce qui est structurant et étayant pour la personne, ce qui lui permet la conquête d'une conscience sophronique (harmonieuse et lucide). Il ne s'agit pas du positif du point de vue du sophrologue mais bien de celui du sophronisant* (la personne qui pratique). Le positif a ainsi une visée à plus long terme, alors que l'agréable se limite souvent à l'immédiat. Notez que si dans les premières séances le mot « agréable » sera volontiers utilisé, car souvent plus accessible, les techniques visent bien sûr l'activation des structures positives de la personne.

Nous l'avons déjà indiqué (voir les structures de la conscience, page 31), le négatif est volontairement mis « entre parenthèses » lors de la séance. Mais si en sophrologie le symptôme (*contenu* « négatif » individuel) n'est pas directement abordé au profit des *capacités* globales de la personne, l'erreur serait toutefois de le nier ou de ne pas le prendre en compte. Ce serait alors s'éloigner du principe suivant.

Principe de réalité objective

Il s'agit de développer et respecter notre réalité objective, ceci pour nous adapter de façon plus adéquate aux différentes

1. JEANROY B., 41e congrès de la Société Française de Sophrologie, Rennes, novembre 2007. Bernard me précise, à ma demande, qu'il s'inspire du titre du premier livre de Pema CHÖDRÖN, *Entrer en amitié avec soi-même.*

situations et mieux satisfaire l'expression de nos propres besoins. Ceci passe aussi par la « mise entre parenthèses » de nos préjugés en essayant de voir les événements, soi-même et les autres « comme si c'était la première fois » (cf. présentation de la phénoménologie, page 11), comme ils sont réellement.

Ce principe concerne surtout le sophrologue qui doit être conscient de ses propres limites et les respecter. Par exemple, s'il n'est pas thérapeute, la seule formation en sophrologie ne l'habilite pas à faire des diagnostics ou de la thérapie, ni même à donner son avis sur un traitement en cours.

Le sophrologue devra être congruent* avec ce qu'il propose. Il devra donc pratiquer lui-même la méthode dans une optique de développement personnel et pour :

- percevoir l'état de sa propre conscience (émotions, tensions corporelles ou mentales) ;
- avoir une attitude plus juste, vis-à-vis de lui-même et de son entourage ;
- percevoir l'état de conscience des personnes qu'il accompagne afin d'adapter la méthode au plus juste.

Principe d'adaptabilité

Le sophrologue ne doit pas oublier sa responsabilité vis-à-vis de ses élèves ou patients. Il doit pour cela adapter les méthodes et les techniques aux sophronisants et non adapter ces derniers à la sophrologie !

L'adaptation du sophrologue est facilitée par le respect de sa réalité objective (ci-dessus) et par l'alliance* sophronique (voir plus loin).

Principe du schéma existentiel comme réalité à vivre

Au-delà des rencontres avec le sophrologue, des séances d'entraînement, l'objectif reste avant tout le quotidien, l'existence. Il s'agit, pour chacun, de vivre consciemment une réalité liée à ses valeurs* existentielles.

Il ne s'agit donc pas seulement de « faire de la sophro », mais davantage d'utiliser les pratiques comme tremplin pour le quotidien, pour construire et vivre un projet personnel harmonieux.

En sophrologie, A. Caycedo parle ainsi de *schéma existentiel*, intégrant à la fois la dimension neurophysiologique et psychoaffective du schéma corporel (voir page 37) et leur « projection » dans la vie de tous les jours.

L'alliance sophronique

L'alliance sophronique désigne la relation particulière qui se met progressivement en place entre le sophrologue et l'élève ou patient (appelé sophronisant).

« *Pendant l'alliance sophronique le sophrologue renonce au caractère directeur, impératif et se limite à l'enseignement des méthodes et procédés sophroniques que le patient ou élève réalisera suivant sa propre initiative*[1]. »

Cette relation se réalise grâce à un climat de confiance, d'échanges et d'empathie* du sophrologue. Ce dernier guide le sophronisant vers plus d'autonomie, d'abord dans la méthode. Il est fréquent que cette autonomie se répercute en dehors de la séance. Par des « mines de rien[2] », le sophronisant devient plus actif par rapport à lui-même, par rapport à •••

1. CAYCEDO A., 1972, *op. cit.*
2. D'après Jean-Pierre KLEIN, psychiatre honoraire des Hôpitaux, au sujet de l'art-thérapie, 2006.

•••

ses choix. Il devient finalement son propre guide, le sophrologue ne reste qu'un « passeur », s'il est au plus juste, conscient de sa réalité objective. Être au plus juste, c'est aussi pour le sophrologue être conscient des réactions transférentielles* et contre-transférentielles* qui s'opèrent... comme dans toute relation humaine.

Le terpnos logos

Ce terme s'inspire du « logos kalós », ou parole agréable, pour activer la « sôphrosynê » qui désigne une forme de sagesse pratique, de tempérance, de l'époque Platonique[1]. Elle désigne, en sophrologie, la parole du sophrologue lors de la pratique. Le terpnos logos renvoie à la fois au contenu (ce qui est dit) et au contenant (comment cela est dit[2]).

Il évolue au fil des pratiques et de l'expérience des sophronisants : d'abord *explicatif* (descriptif détaillé), plus rarement *persuasif* (inductif, *cf.* hypnose traditionnelle et première période de la sophrologie), il devient ensuite *orientatif*, c'est-à-dire, plus épuré (avec de courtes phrases nominales ou de simples mots repères). Progressivement, il laisse de plus en plus la place au *silence :* il s'agit d'un idéal signant l'autonomie du sophronisant.

La parole du sophrologue est naturellement harmonieuse et intelligible, des temps forts alternent avec des temps faibles (changement de rythme), en cohérence avec les propositions.

Les structures de phrases sont simples, affirmatives, au présent de l'indicatif (le fait réel, ici-et-maintenant) et principalement dans la fonction référentielle* du langage. Les pronoms de la présence « vous » et « nous » sont privilégiés, les liens logiques évités, le lexique est le plus neutre possible[3]. Il ne s'agit pas, toutefois, de réciter ou lire un texte ne tenant pas compte de la situation, ou d'imposer une forme de discours sans fond. De plus, le terpnos logos s'enrichit des observations et échanges précédents. Il est

•••

1. Vous aurez reconnu la proximité des mots sôphrosynê et sophrologie.
2. *Terpnos* (grec) est, étymologiquement, ce qui charme (équivalent du *carmen* latin, le chant magique) ; *logos* signifie parole, discours (lié à la raison), science.
3. Lire SANTERRE H., *Mais... qu'est-ce que le langage, à propos du terpnos logos,* ISR, 1998.

•••
adapté à chaque condition et objectifs de la rencontre et varie au sein d'une même séance.

Résumé et critiques

La sophrologie s'inscrit dans une conception humaniste de la conscience et de l'être humain : nous avons tous, potentiellement, la possibilité de faire des choix pour notre existence, d'être plus en harmonie, avec nous-mêmes tout d'abord, avec les autres et notre environnement ensuite. En cela, la sophrologie s'inscrit, selon moi, dans le mouvement qualifié de *troisième force*[1] initié dans les années soixante par Carl Rogers et Abraham Maslow.

Le sophrologue n'est pas là pour découvrir la conscience de son patient ou élève mais pour l'aider lui-même à dévoiler sa propre conscience, autrement dit à développer et épanouir ses propres potentialités de manière de plus en plus autonome : on retrouve là un élément du principe de « non directivité » rogérien.

Chacun peut donc – potentiellement – vivre de manière plus agréable et adaptée. Tout le monde peut, pour cela, développer ses capacités notamment d'autonomie et de responsabilité.

Une originalité de la sophrologie est de ne pas s'en tenir qu'au psychologique. En effet, elle associe processus mentaux et apprentissage de techniques corporelles simples et accessibles, adaptées à chacun. Ces nouveaux savoir-faire seront autant de ressources qui pourront être utilisées, de manière autonome, pour mieux faire face aux stress quotidiens.

1. *The third force,* qui marque la dissidence d'avec les modèles psychanalytique et comportemental (béhavioriste radical) de l'époque.

Le parti pris de la sophrologie est de ne pas encourager l'expression de ce qui ne va pas, au profit de la dynamisation de ce qui va bien. Il s'agit là d'un changement important, qui – s'il est critiquable – séduit de plus en plus de personnes à la recherche de davantage d'efficacité.

Il ne s'agit pas, pour autant, de voir la sophrologie comme une panacée. Contrairement à quelques-uns, nous considérons qu'il est illusoire – voire irresponsable – de la considérer comme remède à tous les maux. Le sophrologue se doit ainsi de respecter ses limites et d'orienter – le cas échéant – la personne qui le consulte vers un autre professionnel.

Finalement, si nous ne suivons pas toujours le fondateur de la sophrologie dans ses récentes épistémologies* et changements personnels, nous sommes convaincu de la richesse de cette méthode. Chaque jour, l'expérience nous démontre la pertinence des propositions initiales de Caycedo et de la sophrologie.

Les sophrologies et leurs champs d'application

« En agissant, on se trompe parfois. En ne faisant rien, on se trompe toujours. »
Romain Rolland (1866-1944).

Les questions auxquelles répond ce chapitre :

- Quels sont les domaines d'application de la sophrologie ?
- La sophrologie est-elle une méthode clé à nos maux ?
- Quels sont les principaux courants de la sophrologie ?

Les branches et les champs d'application de la sophrologie

Un arbre à quatre branches...

Dans les années quatre-vingt, la sophrologie distingue quatre branches principales :

•••

•••
1. La sophrologie médicale ;
2. La sophrologie appliquée au sport ;
3. La sophrologie sociale ;
4. La sophrologie pédagogique.

Le domaine médical

Souvenez-vous de l'historique de la sophrologie : les premières applications sont exclusivement médicales. Ce n'est pas par hasard que le livre de référence de cette première grande période[1] est écrit par quelques dix-huit médecins ou spécialistes médicaux, avec une préface du Dr Pedro Pons, Président de l'Académie Royale de Médecine de Barcelone et un épilogue du Dr Sarrò, Professeur de psychiatrie de la Faculté de Médecine de la même ville. La sophrologie doit alors prouver au monde scientifique son efficacité et son intérêt.

Dans ses applications médicales, la sophrologie – ou *sophrologie médicale* – est utilisée comme outil complémentaire, associé à une ou plusieurs compétences. Le terme *sophrologue* qualifie ou spécifie un professionnel de la santé : « médecin-sophrologue », « sage-femme-sophrologue », « kinésithérapeute-sophrologue », « infirmier-sophrologue », etc.

En octobre 1996, le Centre d'études et d'applications de la sophrologie (C.E.A.S., Paris, membre de la Coordination des Ecoles Professionnelles en Sophrologie – C.E.P.S.) et le Collectif des infirmiers sophrologues de Toulouse (I.S.T.) organisent le premier congrès français de « sophrologie et soins infirmiers ». Ce congrès a réuni quelque 540 professionnels de ☞

1. CAYCEDO A. et coll., 1969, *op.cit.*

la santé, français, belges et suisses. Plus de 20 travaux d'études et de recherches furent présentés, concernant la douleur, la place et l'intégration de la sophrologie dans les soins, le stress du soignant et de la personne soignée.

La sophrologie permet au médecin ou thérapeute d'appréhender son patient de manière nouvelle. L'alliance thérapeutique y sera facilitée par une « mise entre parenthèses » du savoir du thérapeute et des symptômes du patient (*cf.* phénoménologie, page 11), au profit d'une rencontre lors de la pratique sophrologique. Cette rencontre, au-delà de la souffrance ou de la maladie, permet aussi au patient de moins s'identifier à ses troubles.

De plus, en donnant au patient une plus grande place dans le processus de guérison, la sophrologie lui permet de stimuler ses capacités d'adaptation et d'autoguérison, tant sur le plan psychologique que physique.

Pour autant, il est pour nous évident que la sophrologie ne se substitue pas à un traitement thérapeutique.

> « Efficace dans la prévention et l'aide à la guérison, la sophrologie accompagne la personne souffrante dans son corps ou dans son esprit pour la soulager, la rendre autonome et lui redonner sa dignité. » (L. Audouin, 2002.)

Ce domaine concerne finalement ce que l'on peut désigner par la *sophrologie de la santé*, en référence à la *psychologie de la santé*[1].

1. Cette discipline développe une approche biologique, psychologique et sociale de la santé, tant pour la promouvoir ou la prévenir que pour mieux

On peut aussi associer à ce premier domaine la *sophrothérapie*, qui désigne une approche psychothérapeutique.

Les termes de *sophrothérapie** et de *sophrothérapeutes** ont été choisis à Vienne, en 1998, par la Fédération des Psychothérapeutes Européens, représentée en France par la Fédération Française de Psychothérapie et de Psychanalyse (FF2P). Le cursus de base des sophrothérapeutes répond à des critères précis comprenant au moins 1000 heures de formation (classiquement proposées sur cinq ans) avec notamment :

- la relaxation dynamique comme méthode fondamentale ;
- une formation en psychopathologie et une initiation à d'autres méthodes psychothérapeutiques ;
- des comptes rendus de lecture réalisés en heures supplémentaires ;
- une supervision pendant et après la formation[1].

La sophrothérapie est ainsi reconnue au niveau européen alors qu'elle ne l'est pas en France à l'heure où nous écrivons ce texte. Le Syndicat des sophrologues professionnels[2] travaille, quant à lui, pour la reconnaissance de la sophrologie au niveau national.

---

l'appréhender et la comprendre. La première conférence européenne sur le thème de la psychologie de la santé a eu lieu en 1986.

1. Source : Raynal Danièle, dans *La lettre de la Société Française de Sophrologie*, automne 2007. Les formations proposées sous la tutelle du fondateur de la sophrologie (écoles de sophrologie caycédienne) ou la *sophro-analyse* de C. Imbert ne sont pas validées par les fédérations citées.
2. Voir www.syndicat.sophrologues.fr. Ce syndicat est ouvert à tous sophrologues diplômés sous conditions d'un minimum de formation professionnelle.

Le domaine sportif

Raymond Abrezol (1930 - 2010) a l'idée géniale d'expérimenter très vite la sophrologie auprès des sportifs suisses de haut niveau.

> Si son approche de la méthode pouvait dérouter, nous tenons à rendre hommage à R. Abrezol, grande figure de notre profession, responsable de la sophrologie clinique en Suisse, sans qui la sophrologie n'aurait pas l'essor qu'elle connait aujourd'hui.
>
> R. Abrezol rappelle, dans son livre biographique[1], le début de l'aventure de la sophrologie appliquée au sport. Cela commence par quelques séances auprès de son partenaire de tennis pour améliorer sa concentration. De proche en proche et devant le succès de l'expérience, il fut contacté par un skieur amateur à qui il donne une dizaine de séances... Ce dernier devient, deux années plus tard, l'un des meilleurs spécialistes au championnat du monde de slalom parallèle. Il n'en faut pas plus pour qu'un sponsor, fabriquant de ski, négocie de manière confidentielle (c'est-à-dire, à la discrétion du reste de l'équipe nationale) l'accompagnement sophrologique de quatre athlètes suisses pour les J.O. de Grenoble en 1968... qui rapportèrent les trois seules médailles à la Suisse !
>
> Citons aussi le travail accompli par le sophrologue Luis Fernandez, professeur à l'I.N.S.E.P., pour la

1. ABREZOL R., décrit par ROTRU N., *Aventure au pays de ma conscience, parcours initiatique d'un homme,* Édtions G d'Encre, 2006.

> préparation de nombreux athlètes dont T. Vigneron (perche), A. Canti (400 m), E. Pinda (champion du monde de karaté), R. Sylla (cinq fois champion du monde en boxe), J.Ph. Gatien (tennis de table), l'équipe de France junior de Sabre (1986 à 1989), etc.[1]

Habituellement, l'athlète bénéficie d'une préparation physique et technique, dans le but d'accomplir des performances. La sophrologie complétera cette approche traditionnelle par une préparation mentale et émotionnelle, en faisant appel à toutes les modalités sensorielles (il ne s'agit donc pas uniquement de visualisations), tout en renforçant le schéma corporel pour faciliter les acquisitions.

Buts de la méthode sophrologique applicables au sportif[2]

- Prévention des maladies fonctionnelles et amélioration de la santé ;
- Libération des complexes et renforcement de la confiance en soi ;
- Conscience corporelle améliorée (précision des gestes) ;
- Amélioration de la concentration et de l'attention sélective* ;
- Contrôle du trac, gestion du stress et des émotions pour des performances optimales ;
- Renforcement de la motivation pour atteindre un but fixé ;
- Apprentissage de la pensée et de l'action positives ;
- Renforcement de la réalité objective (du respect de soi et des autres) ;
- Augmentation de la cohésion d'équipe ;

•••

1. FERNANDEZ L., *Savoir gagner, la réussite en compétition,* Amphora, 1989 ; *La sophrologie expliquée aux sportifs... et aux autres,* Amphora, 1996.
2. D'après ABREZOL R. 1992, *op. cit.*

•••

- Apprentissage de la mise entre parenthèses phénoménologique (voir page 11) ;
- Lutte contre la lassitude, maintien du moral ;
- Acquisition de nouvelles compétences transposables au quotidien.

Le sophrologue appréhende aussi le sportif au-delà de ses performances : l'athlète est avant tout une personne, avec ses doutes, ses rêves, ses valeurs personnelles, sa vie et ses projets en dehors du sport. Lors d'une séance de relaxation dynamique, il n'y a plus de notion de performance, de bien ou de mal faire.

Il ne suffit pas pour autant de faire de la sophrologie pour devenir un champion ! De plus, il n'est pas nécessaire d'être un sportif de haut niveau pour bénéficier des apports de la sophrologie.

Le domaine social et prophylactique

Initié par les sophrologues issus du domaine de la santé, ce domaine ouvre de nouvelles possibilités aux professionnels des sciences humaines ou aux travailleurs sociaux.

Le domaine social va concerner l'accompagnement des personnes en difficultés sociales et professionnelles : personnes sans rémunération, avec de faibles revenus ou en situations précaires, public marginalisé, milieu carcéral, etc. Elle permet une revalorisation de la personne, en dehors de sa situation actuelle.

La sophrologie est une aide précieuse pour la préparation à des situations difficiles (par exemple, un entretien professionnel, une épreuve sociale ou professionnelle), pour anticiper ou accompagner le changement et pour gérer le stress.

Le stress

L'Agence européenne pour la sécurité et la santé au travail définit le stress comme « un déséquilibre entre la perception *(c'est nous qui soulignons)* qu'une personne a des contraintes que lui impose son environnement et la perception qu'elle a de ses propres ressources pour y faire face ». La sophrologie va permettre de renforcer nos ressources individuelles et vise aussi à porter un regard neuf sur nos expériences.

Le domaine prophylactique permet la promotion de la santé et une diminution des comportements à risque par une meilleure conscience et gestion de soi. Il concerne aussi les dépendances, la gérontologie, la thanatologie, le deuil, le stress post-traumatique, certains troubles anxieux, la thalassothérapie et les soins esthétiques.

Des études réalisées en Suisse de 1976 à 1980 ont permis de mesurer l'impact de l'entraînement hebdomadaire à la sophrologie sur le coût médicamenteux. Elles ont démontré une diminution des dépenses des caisses maladies de 28 à 41 %[1]. Si la sécurité sociale française ne rembourse pas la sophrologie, aujourd'hui et plus de quinze ans après la Suisse, quelques assurances maladie complémentaires en proposent des prises en charge forfaitaires.

Les entreprises ne sont pas en reste et, en dehors de l'exigence légale demandant à l'employeur de s'occuper du bien-être physique et mental de son personnel, certaines ont compris

1. *Sophrologie, champs d'application,* 1999, page 330, Ellébore, ouvrage collectif sous la direction de P-A Chéné. Edith et Pierre Schwarr, de l'académie suisse de sophrologie caycédienne, sont à l'origine de ce travail de sophrologie prophylactique en Suisse.

l'intérêt de la sophrologie. Elle y est proposée en prévention des risques psycho-sociaux, pour la gestion des émotions, l'amélioration des relations humaines et la gestion des situations difficiles, la communication et l'amélioration des performances. Elle est utile dans la recherche de créativité (voir domaine pédagogique), la motivation, l'esprit d'entreprise et l'aide au changement individuel.

Une limite à souligner : la sophrologie nécessite l'adhésion des participants et doit donc être basée sur le volontariat. L'attitude permissive de la sophrologie ne nous semble pas compatible avec une formation imposée.

Notons que les entreprises privées ne sont pas les seules à s'ouvrir à la sophrologie. Nous avons eu, par exemple, plusieurs fois l'occasion d'intervenir auprès des salariés du Conseil Régional de Bretagne (2003-04), des infirmières de la Direction Régionale de l'Agriculture et des Forêts (2003), de l'Institut de Formation en Soins Infirmiers (2004, CHU de Rennes), d'étudiants de l'Université de Rennes 1 (Institut de Gestion de Rennes), du Ministère de l'Intérieur (depuis 2004, Direction Générale de la Police Nationale - Délégation Régionale au Recrutement et à la Formation).

Le domaine pédagogique, la sophro-pédagogie

La pédagogie est la science de l'éducation des enfants[1]. Elle concerne l'acquisition de savoir, savoir-faire et savoir-être.

1. Définition du *Petit Robert.*

La sophrologie est pédagogique : le sophrologue apprend aux sophronisants une méthode qu'ils utiliseront dans leur quotidien.

L'éducation (du lat. *educatio,* « action d'élever ») est la mise en œuvre des moyens propres à assurer la formation et le développement d'un être humain[1]. Elle renvoie à l'être global, à la construction de l'individu, de la personne.

Nous l'avons déjà souligné, la sophrologie appréhende la personne dans sa globalité.

> « Le corps, l'esprit, la conscience et l'âme sont une et même chose appelée être humain, formant une unité existentielle. » (A. Caycedo).

Pour continuer notre propos, nous retiendrons le sens usuel de la pédagogie comme l'apprentissage de quelque chose en vue d'atteindre un objectif (personnel, professionnel).

De fait, nous trouvons ce cas pour :

- les sportifs (voir page 51) ;
- la préparation à la maternité ou, plus largement, à la « parentalité » : si la préparation à l'accouchement par la sophrologie est réservée aux sages-femmes (domaine médical), tout sophropédagogue* compétent peut accompagner les parents aux changements en cours et à venir ;
- les artistes : créativité, gestion du trac, mémorisation, expression, etc. ;
- les scolaires, étudiants et adultes en formation : augmentation de la motivation intrinsèque*, la lutte contre la conduite

1. Idem.

d'échec, la concentration, la mémorisation, l'acquisition facilitée de gestes techniques, l'enseignement des langues, la préparation aux épreuves écrites et orales, etc.

L. Fernandez, cité précédemment pour le domaine du sport, s'est ensuite orienté vers l'accompagnement sophrologique des Olympiades des métiers. Alors que pratiquement aucune victoire n'a été constatée de 1950 à 1987, l'équipe de France gagne cinq médailles à Sydney, en 1987, année de la première intervention de L. Fernandez.

Ainsi, progressivement, les domaines d'application s'élargissent. La formation initiale des sophrologues sort du champ de la santé. Le sophrologue apprend une méthode à une personne ou à des groupes qui l'appliqueront dans leur quotidien. Le sophrologue est alors un formateur, un pédagogue. Il n'est plus nécessaire que le sophrologue soit un thérapeute, ni que les bénéficiaires des séances de sophrologie soient malades ou en souffrance. Du même coup, tout le monde peut en bénéficier.

Simplification en deux branches

Jusqu'en juin 2005, deux branches principales sont proposées :

1. la sophrologie médicale ou branche clinique ;
2. la sophrologie socioprophylactique.

La première branche, réservée aux **professionnels de la santé** concerne notamment la psychiatrie, la psychologie clinique, les psychothérapies ; l'obstétrique, l'accouchement ; la médecine générale ; l'anesthésie, la réanimation, la chirurgie, les soins anti-douleur, les soins palliatifs ; l'immunologie, la cancérologie, le traitement du Sida ; la pneumologie, la cardiologie ; la gériatrie ; la gynécologie ; la médecine psychosomatique ;

•••

•••
la nutrition, les troubles du comportement alimentaire (obésité, boulimie, anorexie) ; la rhumatologie ; les soins infirmiers ; la kinésithérapie.
La deuxième, réservée aux **professionnels des sciences humaines et aux pédagogues,** regroupe les trois domaines précités (sport, social et prophylaxie*, pédagogie).
Le formateur en sophrologie, ou *sophro-pédagogue,* peut accompagner un soin thérapeutique mais, s'il n'est pas officiellement un professionnel de la santé (Diplôme d'Etat dans le champ médical ou paramédical), il n'est pas habilité à :

- poser de diagnostic ;
- prescrire un traitement en fonction d'un diagnostic ;
- intervenir dans un traitement thérapeutique déjà prescrit ;
- toucher « techniquement » le patient (massage).

Pour nous, en plus d'être illégal, il est dangereux que le sophrologue non thérapeute – ou sophro-pédagogue – fasse de la thérapie. Même s'il peut, avec nombreux bénéfices pour ses élèves, accompagner un traitement thérapeutique en cours, par exemple sous la tutelle d'un médecin.

Apparition d'une variante

Fin 2005, la Fondation Alfonso Caycedo distingue dans cette dernière une nouvelle catégorie, en proposant trois branches :

1. La branche clinique, ou de la sophrologie médicale ;
2. La branche socio-prophylactique ;
3. La branche de la prévention et contrôle du stress et du développement personnel.

Pour notre part, nous ne suivons pas le fondateur de la sophrologie lorsqu'il écrit que cette dernière branche « est ouverte à tous les intéressés dans la diffusion de la méthode Caycedo® ou méthode Isocay®* aux différents groupes humains qui sont en train de vivre la *maladie de masses* qui attaque les bases mêmes de notre civilisation[1] ». Ce n'est, bien-sûr, pas tant l'ouverture que sa lecture des problèmes sociaux « avec comme solution possible (...) la mobilisation des énormes réserves d'énergie (...) au niveau tissulaire, cellulaire et moléculaire[2] » que nous ne partageons pas.

La sophrologie est-elle une thérapie ?

Nous avons tenté de montrer, au cours des paragraphes précédents, les différents domaines d'application de la sophrologie. Nous voyons aussi qu'il existe plusieurs « types » de sophrologues ou de sophrologies (voir aussi le chapitre suivant). Nous proposons, après d'autres, les termes de *sophrothérapeutes* (ou *sophro-thérapeutes*) et *sophro-pédagogues* pour distinguer les deux principales applications.

Nous soulignons, avec le premier de ces termes, l'effet thérapeutique de la sophrologie, soit en complément (médecine « somatique ») soit en première intention (thérapie psycho-corporelle, voir le paragraphe consacré au domaine médical, page 48).

1. CAYCEDO A., quatrième de couverture de la revue *Sophrologie Caycédienne*, n°50, septembre 2007. C'est nous qui soulignons. A. Caycedo parle aussi de « SIDA social ».
2. CAYCEDO A., deuxième de couverture de la revue *Sophrologie Caycédienne*, n°47, décembre 2006.

Si la sophrologie est – comme beaucoup d'autres propositions[1] – thérapeutique, est-elle pour autant une thérapie ?

La position du fondateur de la sophrologie est claire : pour lui, « la sophrologie est une grande thérapie » (cours magistraux, Andorre, 2005), de nombreux sophrologues partagent ce point de vue.

Notre expérience confirme des effets thérapeutiques avec une approche utilisant la sophrologie d'inspiration phénoménologique (voir plus loin, pages 66 et 67), au moins pour certains troubles anxieux ou « existentiels ».

Mais qu'est-ce qui est thérapeutique dans la méthode sophrologique ?

- L'alliance entre le sophronisant et le sophrologue ?
- Les expériences spécifiques lors de la pratique corporelle sous la conduite du sophrologue ?
- L'acquisition d'une nouvelle autonomie par l'intermédiaire de l'entraînement quotidien et de la progression méthodique du sophrologue ?
- L'attitude permissive et l'écoute du sophrologue (du moins ceux formés à l'écoute active) ?
- Le cas échéant, la dimension sociale du groupe de relaxation dynamique ?
- D'autres aspects ?

Ces éléments nécessiteraient un développement que nous ne pouvons pas faire dans cet ouvrage. Je considère pour ma part, que la sophrologie est d'abord et surtout une prophylaxie,

1. L'art, l'activité physique, ont eux aussi des effets thérapeutiques mais ne sont pas des thérapies.

une promotion de la santé et qu'il est important que chaque sophrologue respecte sa réalité objective professionnelle, particulièrement au regard de la législation de son pays d'exercice.

La sophrologie en réponse à tous les maux ?

À la lecture des nombreuses applications de la sophrologie, il peut être tentant de la proposer en réponse à toutes les situations et ce pour toute personne. Pourtant, la sophrologie est loin d'être une panacée (ça se saurait !) et ne convient pas à tout le monde. Il est par exemple difficile pour certains de s'entraîner seul à domicile dans la phase d'apprentissage et sans entraînement personnel, sans répétition, peut-il y avoir changement ?

D'autre part, tout sophrologue que je suis, lorsqu'un gravier me gêne dans une chaussure, je l'ôte pour enlever ce qui agresse mon pied. Si je me casse le bras, je vais consulter un médecin !

> Lors d'une conférence près de Rennes en 2003, David Servan-Schreiber donnait l'exemple d'une blessure. Si l'on se coupe superficiellement un doigt, nous voyons que très rapidement le saignement cesse. Au bout de quelque temps la cicatrisation s'effectue puis, après quelques jours ou semaines, toute trace de coupure disparaît. Mais si la blessure est profonde, un soin par un professionnel est alors nécessaire. Les seules capacités naturelles de guérison de la personne seront insuffisantes, même si elles restent indispensables. D. Servan-Schreiber faisait alors le parallèle avec nos maux psychologiques :

> nous avons tous des capacités d'auto-guérison qui peuvent être suffisantes pour les troubles quotidiens (stress, anxiété normale), mais nécessiter l'appui d'un professionnel de la santé (psychothérapeute) pour les difficultés plus importantes (phobies, dépression, etc.).

Aucune technique de sophrologie ne peut résoudre à elle seule une maladie grave (le cancer, par exemple), même si elle est pertinente pour nos stress quotidiens. Elle peut toutefois nous permettre de relativiser ou de prendre le recul nécessaire pour mieux nous adapter ou accroître nos processus de guérison.

Les courants en sophrologie ou la sophrologie plurielle[1]

La sophrologie ayant été créée par Alfonso Caycedo, il serait normal de qualifier de pléonasme les termes de *sophrologie caycédienne*®.

En fait, la réalité est toute autre. Il est tentant de faire un lien entre ce qui s'est passé avec la psychanalyse et le comportement de Freud et ses premiers disciples, la sophrologie et les premiers élèves de Caycedo.

Il y a eu des bouleversements lorsque Caycedo est revenu d'Orient et mis au point les trois premiers degrés de la relaxation dynamique (1968).

1. Propos inspiré d'échanges avec Bernard SANTERRE. Le titre *sophrologie plurielle* est emprunté à l'association du même nom, avec l'aimable autorisation du Dr. B. Fouché.

Il y a eu des ruptures, par exemple lorsque A. Caycedo a décidé d'ouvrir la sophrologie aux personnes n'appartenant pas au corps médical, ni même paramédical (1977). Des « dissidences » se sont créées, conservant parfois la méthode initiale mais le plus souvent en la personnalisant ou la modifiant[1]. Ces modifications sont parfois pertinentes, parfois moins...

Il y a parfois des exclusions par la Fédération Mondiale de Sophrologie (F.M.S.) ou Fondation Alfonso Caycedo® (F.A.C.) dirigées par le fondateur de la sophrologie, qui peuvent créer des nouvelles dynamiques[2].

L'attitude et le discours du fondateur de la sophrologie se sont radicalisés, face à ses détracteurs, mais également vis-à-vis de ses collaborateurs qui ne partagent pas ses choix techniques ou théoriques, ou qui posent des questions « dérangeantes ». Ainsi, en 1999, le directeur d'une école de sophrologie habilitée par la F.A.C. s'est notamment inquiété, par courrier, de l'introduction de la première syllabe de Caycedo dans les nouvelles méthodes « Isocay®* » et de l'utilisation de ce terme pendant les animations. Il a été radié peu de temps après de la liste des écoles officielles.

Il y a enfin des personnes qui profitent – il est vrai – de la notoriété croissante de la sophrologie pour récupérer

1. Par exemple la dissidence initiée par J.P. HUBERT. Voir dans la suite du chapitre, *l'orientation bio-énergique.*
2. La Coordination des Écoles Professionnelles en Sophrologie a ainsi vu le jour en 2000 à partir de l'exclusion du Centre d'Études et d'Application de la Sophrologie (Paris) et d'un mouvement solidaire initié par B. SANTERRE.

le terme en proposant d'autres méthodes[1]. Ces « **dérives** » peuvent être intéressantes mais sous une même appellation « sophrologie », existe alors une multitude de propositions, souvent très éloignées de la méthode proposée par A. Caycedo... ce qui apporte confusion et discrédite la sophrologie. Il serait plus juste d'utiliser à chaque fois un nom spécifique. Certains ajoutent un qualificatif.

> Alors que je déjeunais dans un restaurant, je me mets à échanger avec un voisin de table. De fil en aiguille, celui-ci me fait part de son expérience en « sophrologie ». Il me raconte qu'il suivait des cours de sophrologie en groupe où tout le monde était nu et allongé et où des massages étaient réalisés... Cela m'a permis de préciser que, si cette expérience pouvait être agréable pour certaines personnes, elle n'avait pas grand-chose à voir avec la sophrologie !

Quelques « sophrologues caycédiens » ont aussi un discours radical, pour ne pas dire sectaire vis-à-vis des autres courants de la sophrologie, et tentent même d'invalider les premières propositions de la sophrologie caycédienne®, alors qu'elles ne proposaient « que » quatre degrés de relaxation dynamique*...

Ainsi, aujourd'hui, pouvons-nous distinguer, entre autres :

– **Une sophrologie proche de l'hypnose**, avec des inductions à visée thérapeutique, orientées sur le(s) symptôme(s). Les

1. Par exemple la *sophro-analyse* ou *nouvelle sophrologie* (2003) de Claude Imbert. Ou encore, l'association de la sophrologie avec des massages (exercice illégal), avec des philosophies « ésotériques », etc.

sophronisations* spécifiques y sont privilégiées. Elle correspond aussi à la première sophrologie (environ de 1960 à 1970), avant l'apport oriental et l'accent mis en place pour les relaxations dynamiques de Caycedo®. Une méthode plus inductive provoque, de fait, plus d'effets immédiats et donne l'impression d'une plus grande efficacité à court terme. Ceci sans doute au détriment de la liberté et de l'autonomie des sophronisants*. Le sophrologue peut aussi provoquer des conséquences non souhaitées par ces derniers et se doit d'en être conscient. Une technique exemplaire de cette approche est la *sophro-substitution sensorielle*[1] qui consiste à induire la transformation d'une sensation (souvent douloureuse) en une autre (par ex. : en chaleur).

– **Une approche orientée vers la relaxation**, qui devient un but en soi. Les participants peuvent être allongés ou au moins assis très confortablement, de la musique douce peut parfois être utilisée. Le sophrologue utilise un discours inductif lors des exercices, proche de l'hypnose traditionnelle (*...votre conscience est au bord même du sommeil*). Cette approche fait partie de l'histoire de la sophrologie mais des inductions de relaxation sont aujourd'hui encore utilisées par le fondateur de la sophrologie.
– **Une sophrologie orientaliste**, où on trouve une forme de yoga occidentalisé et un discours spécifique avec notamment l'utilisation de mots en sanskrit* (*prana, chakra,* etc.). La méthode clé est la relaxation dynamique du premier degré,

1. Voir la seconde partie du livre pour la description des techniques et méthodes.

notamment dans sa forme originelle (de 1970 à 1990 environ), proche du Yoga dans la forme (non dans le fond).

– **Une variante se rapproche davantage du zen** avec peu de paroles au profit du silence. L'accent y est mis sur la pleine conscience de chaque instant, sans jugement de l'expérience. Aucune explication du « pourquoi du comment » n'est donnée. Ceci peut être déroutant pour un débutant mais finalement permettre une progression personnelle plus importante. Cette variante se rapproche de la démarche phénoménologique (voir ci-dessous) et de la MBSR[1]. La méthode clé est la relaxation dynamique du troisième degré telle qu'elle était proposée par A. Caycedo jusqu'en 1992.
– **Une sophrologie d'inspiration phénoménologique**, où seule l'expérience individuelle compte. Le sophrologue passe du statut de guide à celui de passeur, dans le sens où il se fait progressivement le plus discret possible. Le discours lors des pratiques (*terpnos logos**) y est très épuré, descriptif (fonction référentielle du langage*), voire absent. Cette approche est souvent présentée comme exemplaire par A. Caycedo, même si finalement il l'applique peu dans ses propres animations. Lors des échanges après l'expérience (*dialogue post-sophronique**), le sophrologue privilégie l'écoute active, centrée sur la personne (*cf.* Carl Rogers) sans interprétation, jugement, évaluation, proposition de solutions ou d'explications au sujet des effets ressentis. Les

1. MBSR, *Mindfulness Based Stress Reduction,* réduction du stress basée sur la pleine conscience. Technique développée dans les années 1970 par le psychologue et biologiste américain Jon KABAT-ZINN.

expressions négatives sont accueillies comme les positives[1]. De la sorte, cette manière permet à chacun, par et pour lui-même, de découvrir avec plus d'acuité ses phénomènes physiques, psychiques, d'élargir son propre champ de conscience. Ce courant consiste ainsi à « faire apparaître des choses qui sont là mais que nous ne percevons pas[2] ».
La majorité des sophrologues affirment proposer une « sophrologie phénoménologique », tout en pratiquant – parfois sans en être conscient - de nombreuses inductions ou la fonction poétique du langage lors de leurs animations[3]. La sophrologie n'est pas, strictement parlant, phénoménologique ; elle peut tout au plus s'inspirer de cette philosophie.

– **La sophrologie orthodoxe ou *caycédienne*®**, au sens strict. Elle met l'accent sur les douze degrés de la relaxation dynamique de Caycedo®, à visée existentielle. Le symptôme éventuel renvoie à ce que A. Caycedo nomme un « contenu* » de la conscience* (personnel) et, s'il est entendu, écouté, il n'est pas central. Il s'agit d'abord de dynamiser les structures positives de la personne avec une approche globale ou holistique (« capacités* de la conscience » – universelles[4]). La personne existe en dehors de ses difficultés ou symptômes. Il n'y a pas d'induction directe au sujet du symptôme. Peu d'explications sont données sur les choix des stimulations

1. Voir la présentation de la phénoménologie lors du premier chapitre, page 11.
2. CASSINI Norbert, Congrès de sophrologie, Avignon, 2010.
3. Ce qui peut être légitime.
4. Voir chapitre *Principes et fondements de la sophrologie* à partir de la page 23.

ou exercices et le sophrologue oriente la personne suivant le principe d'action positive (voir page 36). Comme dans l'approche phénoménologique (ci-dessus), l'expérience personnelle est privilégiée, du moins dans la forme originelle car la sophrologie caycédienne® est, depuis les années 2000, plus inductive[1] et moins phénoménologique, même lors des relaxations dynamiques, au profit d'un effet plus marqué. Lors du dialogue post-sophronique, le sophrologue privilégie l'orientation (et donc l'induction) vers le positif de l'expérience avec la *sophro-analyse vivantielle**.

- **Une approche comportementale,** où le sophrologue est surtout un guide, un conseiller, voire un coach ou encore un psychothérapeute cognitivo-comportementaliste. Il va prescrire des entraînements personnels, donner des supports écrits (questionnaires d'auto-évaluation, guides d'entraînement) et audio, des « trucs » pour gérer les situations difficiles ou le stress. Les sophronisations spécifiques y seront privilégiées. Un exemple type de cette approche est la technique de *sophro-correction sérielle* qui est très proche de la technique de désensibilisation systématique des psychothérapeutes comportementalistes[2].

1. On y retrouve les avantages et inconvénients des méthodes inductives ; voir le paragraphe « Une sophrologie proche de l'hypnose ».
2. Cette technique est commentée dans ETCHELECOU B. (2007). A noter l'apparition d'une « troisième vague » ou « vague émotionnelle » en thérapie comportementale et cognitive depuis les années 90 : voir COTTRAUX et *al. Thérapie cognitive et émotions, la troisième vague*, éditions Masson, 2007. Cette vague utilise, en autres, la thérapie de pleine conscience issue de la tradition bouddhiste.

– **Une orientation bio-énergétique** (ou relaxation sophro-bio-dynamique), développée par les sophrologues fondateurs de la Société Française de Sophrologie (R. Cahen, J. Donnars et J-P. Hubert, 1966), issue de la sophrologie des années soixante-quinze. On y trouve des apports de la bioénergie, des méditations à vocation transpersonnelle, de la transe-terpsichore-thérapie (J. Donnars). Les techniques sont utilisées pour mobiliser l'énergie puis pour tenter de libérer les décharges émotionnelles et faciliter l'accès à l'inconscient. Les gestes ou mouvements du premier degré de la relaxation dynamique de Caycedo®, par exemple, sont repris, expliqués en termes énergétiques, symboliques. Le sophrologue* est plus volontiers un psychothérapeute utilisant une approche plus inductive ciblée sur le(s) symptôme(s). Lors des échanges en fin de séance, le sophrologue peut être amené à donner des interprétations.
– **Une sophrologie d'inspiration psychanalytique (sophrothérapie et sophrologie analytique**[1]), proche de l'orientation précédente (J-P. Hubert est le fondateur de la sophrologie analytique, approche présentée la première fois en 1982 au Congrès mondial de sophrologie). La sophrologie est davantage utilisée comme outil facilitant le travail psychothérapeutique. Le concept d'alliance y est parfois considéré comme « dangereux »[2] : l'inconscient, les phénomènes transférentiels restent centraux dans cette approche et les causes profondes des difficultés ou symptômes

1. Ou encore « sophranalyse » (HUBERT J.P., 2010).
2. HUBERT J.P., congrès pour les 50 ans de la sophrologie, Avignon, octobre 2010.

sont recherchées avec l'utilisation privilégiée de techniques dites « découvrantes ».

Synthèse

La sophrologie voit, au fil des ans, un élargissement de ses domaines d'application. D'abord utilisée comme complément à l'arsenal thérapeutique des professionnels du champ médical, elle est ensuite éprouvée dans des secteurs très variés. Ainsi, on peut, par exemple, l'utiliser pour la préparation aux épreuves, qu'elles soient sensorimotrices (gestes techniques, expression à médiation corporelle), sociales (stress lié aux changements, etc.) ou cognitives (apprentissage, créativité).

La nouvelle offre encourage de nouvelles demandes. La sophrologie est victime de son succès. Son nom étant dans le domaine public, il renvoie parfois à des offres très éloignées de la proposition initiale. C'est ainsi qu'apparaît la première marque déposée avec la « sophrologie caycédienne® », qui souligne du même coup l'autorité de A. Caycedo comme « père fondateur » et garant de sa méthode.

La pluralité devient plus difficile auprès du fondateur de la sophrologie, des désaccords ou différences permettent à de nouveaux courants de sophrologie d'apparaître. Il s'agit parfois de préférences en rupture avec les changements de la méthode ou des choix de A. Caycedo.

Les nouvelles applications et les nouvelles offres de formation permettent l'émergence d'une nouvelle profession, avec de nouveaux acteurs de la vie sociale : celle de sophrologue à part entière ou sophro-pédagogue. Celui-ci propose des actions de formations et d'accompagnement pour le quotidien de tout un chacun, du particulier au professionnel, mais n'est pas habilité à faire de la thérapie.

Si elle est à visée thérapeutique, la sophrologie – qui est alors la sophrothérapie – doit demeurer entre les mains de thérapeutes officiellement reconnus (médecins, psychiatres, psychologues cliniciens, etc.).

À partir des différents courants de la sophrologie et en fonction des objectifs, il est donc possible d'expérimenter des propositions très différentes. Au-delà du nom de la méthode ou des techniques utilisées, le sophrologue doit être un professionnel avisé qui adapte constamment ses propositions aux personnes qui viennent le consulter. En deçà des différences ou différents courants de la sophrologie, le client, élève ou patient reste au cœur de toute action de sophrologie.

Partie 2

La pratique

Indications et méthodes

« Quand on ne trouve pas son repos en soi-même,
il est inutile de le chercher ailleurs. »
F. de La Rochefoucaud, Maximes.

Les questions auxquelles répond ce chapitre :

- Quelles sont les indications et contre-indications de la sophrologie ?
- Comment se passe une séance ?
- Comment choisir un sophrologue ?
- Quelles sont les techniques et méthodes sophrologiques ?
- Qu'est ce que la « relaxation dynamique » ?

Nous indiquions, lors de l'avant-propos, que la sophrologie est avant tout une expérience. Aussi, après une première partie plus théorique, nous abordons maintenant des éléments plus concrets, des choses que nous pouvons éprouver « en chair et en os », pour évoquer les mots d'Husserl[1].

---

1. HUSSERL E., initiateur de la phénoménologie. Voir page 11.

Les principales indications et contre-indications

Les indications

La sophrologie contribue, d'une manière générale, au mieux-être de la personne dans sa globalité psychologique, physique et sociale, notamment grâce à de meilleurs rapports à soi et aux autres. Elle convient a priori à toute personne intéressée pour « aller mieux ».

La sophrologie, c'est aussi *entrer en amitié avec soi-même*[1]. Elle peut être une aide utile pour renforcer notre confiance en nous-mêmes et en la vie, pour dynamiser ou optimiser nos capacités d'adaptation. D'un mieux être il peut s'agir, ensuite, d'un bien-être pour progressivement « être » pleinement présent et conscient de manière harmonieuse.

Une exigence toutefois : un entraînement régulier, d'abord guidé par le sophrologue, réalisé ensuite de manière autonome. Ceci nécessite une certaine discipline et une implication personnelle dans l'apprentissage de nouveaux savoir-faire pour de nouveaux savoir-être. La sophrologie n'est pas une nouvelle recette, efficace en une ou deux séances.

La première condition est donc... la motivation de l'intéressé. Un adolescent obligé par un tiers à faire de la sophrologie, par exemple, n'en tirera peut-être pas vraiment de bénéfices. Le résultat sera identique si une personne entreprend cette démarche pour faire plaisir ou suivre « les conseils » de quelqu'un.

1. Voir note 3 page 40.

En complément des éléments donnés lors de la présentation des différents champs d'application, notamment en sophropédagogie* (chapitre 3), plusieurs indications peuvent être soulignées[1].

L'apprentissage du premier degré ou des techniques spécifiques associées apporte de grandes satisfactions à la majorité des personnes qui ont poursuivi l'intégralité de l'entraînement proposé. Le temps investi est largement récompensé grâce à :

- l'amélioration de la qualité du sommeil,
- la diminution du stress et de la fatigue,
- la gestion des émotions difficiles.

Certaines difficultés psychologiques et somatiques peuvent se résoudre ou s'améliorer par l'apprentissage de la relaxation dynamique. Sous réserve d'un entraînement personnel régulier (10 à 20 minutes), quotidien dans la phase d'apprentissage et après avoir pris conseil auprès d'un médecin généraliste.

C'est le cas de troubles tels que :

- l'hypertension artérielle (en accompagnement thérapeutique),
- les céphalées de tensions,
- l'anxiété généralisée,
- de nombreux maux de dos,
- la douleur chronique, la douleur pré et postopératoire,
- certains effets indésirables lors des chimiothérapies,

1. L'efficacité de la sophrologie est validée essentiellement par des résultats cliniques ou des travaux et recherches de sophrologues. La sophrologie gagnerait à être évaluée par des experts extérieurs. C'est l'un des projets du Groupe d'Epistémologie de la Sophrologie (voir liens Internet).

- les troubles digestifs liés à l'anxiété (colite spasmodique, dyspepsie),
- des abus et dépendances au tabac,
- certaines allergies.

Pour d'autres difficultés, le praticien devra être psychothérapeute et il pourra utiliser des techniques plus spécifiques ou d'autres approches pour le traitement :

- des phobies spécifiques et des phobies sociales,
- des troubles paniques,
- du stress post-traumatique,
- des abus et dépendances à l'alcool, à la nourriture,
- des troubles sexuels,
- de certaines dépressions,
- de troubles obsessionnels.

Ces techniques ne sont pas développées dans cet ouvrage.

Précisons que si certaines adaptations sont possibles pour les très jeunes enfants dès qu'ils prennent conscience de leur propre corps (vers deux ou trois ans[1]), l'âge de sept ans, au minimum, nous semble plus adapté pour bénéficier de séances de sophrologie, en groupe ou en individuel.

Les contre-indications

Il n'existe pas, à proprement parler, de contre-indications, mais de nombreuses adaptations sont nécessaires à chaque situation. Signalons toutefois certaines restrictions à la pratique :

1. Voir ETCHELECOU B., 2007, *op. cit.*, pages 119 à 124.

- La **limite** même **du sophrologue** (voir le principe de réalité objective, page 41) est la contre-indication la plus importante. Il est donc nécessaire qu'il suive une formation suffisante et qu'il soit conscient de ses limites. Nous en avons déjà parlé.
- Des précautions doivent être prises notamment lors de **phases aiguës de maladie** (problèmes cardio-vasculaires ; incompatibilité avec la station debout prolongée...).
- La méthode devra être adaptée aux personnes souffrant de **troubles psychiatriques ;** les **phases délirantes** sont une contre-indication totale.
- **Les psychotiques chroniques** risqueraient d'augmenter leur tendance à se déconnecter de la réalité et donc augmenter leurs troubles.
- **La surdité** est un obstacle aux propositions habituelles, mais un travail adapté sur les sensations est possible.

Nous avons évoqué l'importance de l'entraînement personnel : une personne qui ne peut pas refaire seule les techniques verra les effets des séances amoindris et ne pourra pas, de fait, devenir autonome dans la méthode.

Les formes d'une séance

La première rencontre

Les objectifs et les moyens du premier entretien sont différents en fonction du champ d'application (thérapeutique ou non), des compétences du praticien (par exemple, s'il est formé à l'écoute active ou non) et du courant de sophrologie auquel il appartient.

Le sophrologue peut utiliser un « entretien motivationnel[1] », avec l'exploration, sans jugement, des habitudes du client, de sa situation actuelle (état de santé, activités, loisirs, relations sociales et affectives, situations matérielle et financière), comparée à sa situation passée et souhaitée.

Il peut, pour cela, faire appel à des questions ouvertes, utiliser une écoute active « en écho » avec des reformulations synthèses, et renforcer les propos exprimant une motivation pour changer.

S'il n'est pas sophrothérapeute*, il évitera de trop entrer dans les détails de l'histoire de la personne au profit de la situation actuelle et des changements souhaités.

Dans tous les cas, il s'agit du point de départ de l'alliance* sophronique. Cette relation, qui va se construire au fil des rencontres, est l'une des spécificités de l'approche sophrologique[2]. Les notions de sentiment de liberté (d'expression, de comportement) pour le client, d'empathie* et de congruence* pour le sophrologue, y restent pour nous essentielles.

Le sophrologue fait l'analyse de la demande en facilitant, si besoin, son expression en terme d'objectifs observables (surtout dans le cadre d'une approche comportementale) : qu'est-ce qui pourrait faire dire au sophronisant qu'il a atteint son ou ses objectifs ?

1. *L'entretien motivationnel* a été développé par MILLER W.R. et ROLLNICK S. (1992, 2002). Une version française de leur livre de référence est disponible chez Dunod : L'entretien motivationnel : Aider la personne à engager le changement (2006).
2. Voir chapitre 2, pages 43 et 44.

La sophrologie est expliquée dans un discours adapté à l'interlocuteur. Le cadre des séances y est précisé : forme, durée et coût, la nécessité d'un entraînement personnel, la liberté d'adapter les propositions. Le code de déontologie du praticien est communiqué, concernant notamment la confidentialité des propos échangés (dans la conduite des groupes, il informera les participants de l'extension du secret professionnel à chacun d'eux) et toute autre indication utile.

Le sophrologue propose, si la demande entre dans son champ d'action, un premier contrat en terme de nombre et type de séances. Dans le cas contraire, il peut orienter la personne vers un autre professionnel.

Séance individuelle ou en groupe ?

Il existe deux formes de séances :

- des séances pratiquées en face à face avec le sophrologue, ou séances individuelles ;
- des séances en groupes.

Les séances individuelles

Les séances individuelles ont été au départ les seules proposées. Elles se prêtent effectivement classiquement à une situation médicale, origine de la sophrologie. Le sophrologue y propose une approche plus spécifique surtout à visée thérapeutique (dans le cas de la sophrothérapie*) ou en vue de la préparation à une épreuve ou à un changement précis, personnel (sophropédagogie). Cette forme de séance peut aussi correspondre à une nécessité organisationnelle pour la personne qui consulte, dans le cas par exemple d'horaires incompatibles avec un cursus en groupe.

Les séances individuelles durent d'une demi-heure à 45 minutes, le plus souvent en cabinet libéral, voire en institution thérapeutique, plus rarement à domicile.

Le cursus sera défini en fonction des objectifs du sophronisant. En sophropédagogie, il peut être constitué de cinq à douze séances, à raison d'une à deux séances hebdomadaires, en plus de l'entraînement personnel.

Il est souvent plus important dans les cas particuliers de la sophrothérapie[1].

Dans tous les cas, on y trouve le même schéma général que lors des séances en groupe (voir page 88) mais les relaxations dynamiques n'y sont éventuellement présentées que de manière abrégée, adaptée. Les techniques spécifiques* y sont privilégiées[2].

Les séances en groupe

Les séances en groupe sont de plus en plus proposées. Elles sont particulièrement pertinentes dans les nombreuses applications sportives, prophylactiques et sociales ou pédagogiques, champs d'action du sophropédagogue*.

Elles durent environ une heure, soit en cabinet libéral, soit dans un cadre associatif, soit encore en institution ou entreprise.

Un cursus de dix à douze séances est classiquement proposé, à raison d'une séance hebdomadaire. Ces séances peuvent être réalisées sur un trimestre (si elles suivent le calendrier scolaire),

1. Voir ETCHELECOU B. (2007, *op.cit.*) pour les applications thérapeutiques de la sophrologie.
2. Les techniques – ou sophronisations – spécifiques et les relaxations dynamiques sont présentées à partir de la page 91.

toujours ponctuées d'entraînements personnels. Plusieurs cursus peuvent être suivis pour permettre la progression avec les différents degrés de la relaxation dynamique (un cursus par degré, par exemple).

Si les relaxations dynamiques y sont les méthodes clés, certaines techniques spécifiques peuvent y être expérimentées.

Les postures de base, debout et assis

> « À celui qui cherche sincèrement et avec la disposition d'esprit convenable, n'importe quelle posture permet de progresser. »
> (K.G. Dürckheim, 1976.)

Depuis les années 1968 et les relaxations dynamiques, plusieurs postures sont utilisées pour les pratiques en sophrologie. Le terme posture* précise un choix, une conscience de l'attitude corporelle.

Nous l'avons déjà évoqué, la position allongée est désormais exceptionnelle et renvoie davantage à la relaxation passive ou est utilisée pour les personnes alitées. Les pratiques sont réalisées dans des situations se rapprochant du quotidien : en pleine lumière, sans musique, assis sur une chaise, debout, voire en marchant.

À tout moment, le sophronisant reste libre d'adapter les propositions du sophrologue et peut donc changer de position, s'asseoir avant l'indication du sophrologue, bouger, etc. Pour notre part nous privilégions une approche phénoménologique[1]

1. Voir la présentation de la phénoménologie page 11 et la « sophrologie d'inspiration phénoménologique », pages 66 et 67.

lors des toutes premières expériences en laissant le sophronisant libre dans son attitude corporelle.

La posture assise de base

La posture assise de base consiste à s'asseoir de manière confortable au fond d'une chaise, dos appuyé contre le dossier. La colonne vertébrale est redressée, sans tension musculaire, la tête en équilibre dans l'axe vertical. Les paumes des mains sont posées à plat sur les cuisses ou les genoux, les pieds et genoux écartés naturellement, les yeux volontiers fermés. Cette posture est privilégiée lors des *pauses d'intégration** (entre les exercices ou stimulations) et *pauses de totalisation** (en fin de séance). Elle est aussi appelée « posture du deuxième degré », pour ceux qui en ont l'expérience.

La posture tonique assise

La posture tonique assise, appelée « posture Isocay® » ou « posture Isocay® d'intégration[1] » par A. Caycedo, est proposée pour faciliter le maintien de la vigilance. Cette posture (figure 4.1) est liée à la théorie actualisée de la conscience en sophrologie (ou *conscience Isocay®*) présentée dans le premier chapitre, page 30.

Elle se différencie de la précédente par une position plus avancée du bassin sur la chaise, le dos n'est donc pas en appui. Les mains peuvent être un peu plus hautes sur les cuisses ; un angle droit (approximativement) est formé entre l'axe des pieds et celui des jambes, entre celui des jambes et des cuisses ; les

1. Contrairement aux *sophrologues caycédiens* « purs et durs » (voir *les courants de la sophrologie*, chapitre précédent), nous n'utilisons pas l'acronyme « Isocay » lors de l'animation de séances. Ceci pour éviter un néologisme et l'induction de la première syllabe de Caycedo.

épaules sont légèrement tirées vers l'arrière, en restant basses. L'axe du tronc peut être très légèrement (naturellement) basculé vers l'avant.

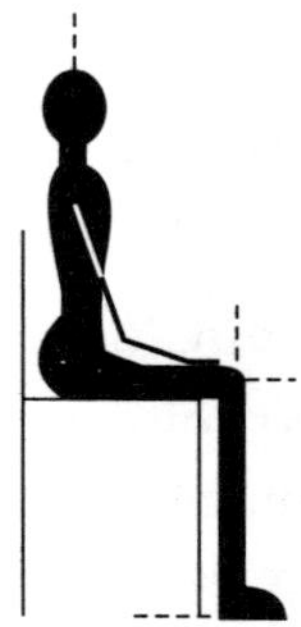

Figure 4.1 ■ Posture tonique

Cette posture, qui doit rester confortable, est privilégiée pour les exercices ou stimulations en position assise, notamment lors de la relaxation dynamique du deuxième degré (présentée plus loin).

Elle peut être précédée de deux autres postures ou mouvements :

- Une posture passive, de relâchement vers l'avant, que A. Caycedo nomme « posture Isocay® distension ». Elle reprend la posture dite du « cocher de fiacre » décrite par J.H. Schultz[1] : dos arrondi détendu, tête relâchée, mains devant les genoux, les avant-bras en appui sur les cuisses ; posture en respiration libre maintenue quelques secondes.

1. Voir page 7.

- Elle est toujours suivie d'une posture nommée par A. Caycedo « posture Isocay® tension[1] ». C'est en fait une stimulation corporelle avec un redressement du tronc sur l'inspiration, à partir de la posture précédente, suivie d'une tension de tout le corps en rétention d'air, cou en extension (tête vers l'arrière), avant un relâchement relatif sur l'expiration pour finalement prendre la posture tonique, en respiration libre.

La posture de base debout

La posture de base debout, ou « posture du premier degré debout », est naturelle, membres supérieurs, d'une part, et membres inférieurs, d'autre part, en positions symétriques. Les talons peuvent être écartés de la distance d'un pied, les genoux souples. Les bras de préférence relâchés le long du corps, même si, depuis 2005, A. Caycedo propose de croiser les mains en position basse devant le corps ou derrière le dos. La posture debout doit être confortable. Mise en place les yeux ouverts en début de séance, elle est plus volontiers utilisée les yeux fermés.

Les postures du troisième degré

Les postures utilisées dans le *troisième degré* de la relaxation dynamique s'inspirent de celles de zazen. Elles sont réalisées d'abord les yeux fermés puis, au fil de la méthode, les yeux demi-ouverts, regard clair, posé devant soi, sur le sol[2].

1. La première se réalise debout, un poing fermé entre l'ombilic et le pubis (paumes dirigées vers le corps), l'autre main enveloppant le poing ; l'axe vertébral est redressé, menton

1. Voir note 1 page 84.
2. Voir également ETCHELECOU B. (2007), pages 45 à 51. On y trouve le schéma et la présentation des postures du troisième et quatrième degré.

légèrement rentré ; la respiration est descendue le plus bas possible, au niveau du bas-ventre, sur lequel les mains exercent une légère pression lors de chaque expiration (relâchent lors de l'inspiration naturelle)[1].

2. La seconde (figure 4.2) se réalise assis au bord de la chaise, les genoux écartés en dessous de la ligne des hanches, les pieds de préférence en appui sur le talon antérieur[2]. Le bassin est légèrement basculé en antéversion (ce qui se traduit par une légère cambrure de la région lombaire). La posture reprend les autres recommandations précédentes (mains, axe vertébral, tête, respiration). Les coudes et les épaules sont légèrement tirés vers l'arrière, juste suffisamment pour permettre un contact ferme et constant des mains au niveau du bas-ventre.

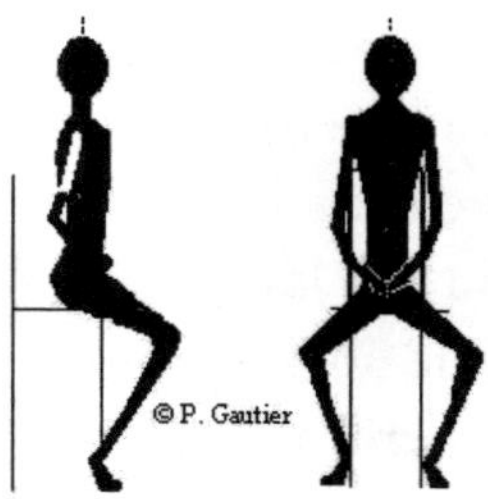

Figure 4.2 ■ Posture active du 3e degré

1. L'essentiel reste la présence plus que la pression des mains ou la respiration forcée.
2. Et oui, nous avons deux talons à chaque pied ! Les pieds peuvent être ici légèrement reculés, toujours de manière symétrique.

Une difficulté pour le débutant est de trouver le confort dans cette posture active. Pour cela, une fois positionné, on prend une inspiration ordinaire avant la rétention d'air, on procède alors à une contraction de deux ou trois secondes de tout le corps, avant d'expirer en relâchant les tensions inutiles (respiration synchronique*). La posture devient moins tendue et peut être maintenue (en respiration libre) pendant plusieurs minutes.

La posture du quatrième degré

C'est une *posture d'ouverture debout*, en respiration libre, réalisée à partir de la posture du troisième degré.

La prise de posture symbolise la « manence » des phénomènes (voir la *coupe de vie,* figure 2.3, page 32). Elle démarre en fermant les poings avant de les élever doucement en passant devant chacun des cinq espaces d'interaction, jusqu'à placer les membres supérieurs à la verticale. Il s'agit alors d'ouvrir les mains en plaçant légèrement la tête vers l'arrière, d'écarter les bras avant d'entrouvrir les yeux pour un regard neuf et intermittent (alternant librement yeux ouverts et fermés), « comme si c'était la première fois » (cf. page 11). Elle se termine dans un mouvement inverse, symbolisant la « rétro-manence » (page 32) avant une pause* d'intégration, bras et corps relâchés.

Exemple d'une séance en groupe

On y distingue trois grandes étapes :

- *Étape pré-sophronique* : la séance commence par une phase d'accueil et d'écoute (dialogue pré-sophronique*) suivie d'une courte information (information pré-sophronique*). Cette étape « pré-sophronique » dure souvent de cinq à dix minutes. Elle est plus importante lors de la première séance pendant laquelle le sophrologue donne (ou rappelle) les informations sur le déroulement du cursus, la liberté d'adapter les propositions, la confidentialité des échanges étendue à chacun, etc.

- *Pratique* : suit la séance de relaxation dynamique proprement dite (30 à 50 min). Celle-ci est pratiquée debout et/ou assis, avec différents mouvements plus ou moins énergiques pour la relaxation dynamique. Cette étape est développée un peu plus loin
- *Étape post-sophronique* : pour terminer, un dialogue libre en lien avec la séance est proposé (*dialogue post-sophronique*) ; les sophronisants restent libres de ne pas s'exprimer. A. Caycedo y propose une « analyse vivantielle* » (chapitre 3). Pour notre part, nous y privilégions une approche plus phénoménologique avec une écoute active de type rogérienne (considération positive inconditionnelle d'autrui, empathie, congruence ou authenticité avec son propre ressenti)[1]. Il ne s'agit donc pas d'orienter l'échange tout en respectant les principes énoncés par A. Caycedo : écoute pour autoriser et faciliter l'expression, sans jugement, évaluation, soutien, interprétation, ni solution. Cette étape est un espace de liberté très important pour la progression de la méthode. Elle souligne au passage la limite d'une pratique sans sophrologue ou avec un sophrologue incompétent.

Il est intéressant pour chaque participant de noter par écrit (phénodescription* écrite), de manière personnelle, ses propres « vécus » ou vivance*, avec ses fluctuations ; ceci également pour faciliter l'accès à l'autonomie.

Avant de clôturer la séance, nous proposons de répondre aux questions techniques éventuelles (information post-sophronique*, étape non proposée dans la méthode fondamentale). C'est aussi à ce moment que des recommandations, des propositions pour l'entraînement personnel peuvent être faites. Ces aspects techniques et informationnels sont déplacés en fin de séance pour rester vraiment dans l'expérience lors de l'échange précédent[2].

1. Voir par exemple BIOY et MAQUET, 2007.
2. La distinction de ces moments dans l'étape post-sophronique est due à B. SANTERRE.

Nous retrouvons ces différents moments, avec d'autres durées, lors des séances individuelles.

Méthodes et techniques sophrologiques

Schéma général

Après avoir décrit les étapes « pré-sophronique » et « post-sophronique », nous allons nous intéresser maintenant au cœur de la séance avec la pratique.

La conquête de la conscience harmonieuse ne se fait pas d'un coup de baguette ou potion magique ! Il est nécessaire de s'astreindre à un entraînement régulier (idéalement quotidien), guidé pour cela dans un premier temps par un sophrologue. La sophrologie est en effet et surtout une pratique.

Lors d'une séance de sophrologie, la conscience est amenée au niveau sophroliminal* (NSL) par un processus appelé sophronisation. La sophronisation suit plusieurs étapes stéréotypées :

1. la fermeture des yeux ;

2. un accueil des sensations des différentes régions corporelles (lecture du corps*, de la tête aux pieds) et surtout de la globalité du corps. Cette étape se traduit avec l'expérience par un relâchement musculaire ;

3. une détente psychologique engendrée par le relâchement musculaire ;

À ce stade, les participants – ou *sophronisants* – et le sophrologue sont à un niveau de vigilance particulier (NSL), facilitant la prise de conscience des sensations et la dynamisation des structures positives[1]. Une fois ce stade atteint, une étape spécifique à chaque séance est réalisée avec :

4. une activation positive (ou *activation intrasophronique**) qui permet une progression, plus ou moins importante, vers un état de conscience harmonieux (ou *conscience sophronique*). Cette étape sera différente en fonction des techniques ou méthodes sophrologiques.

Suit alors la sortie du NSL (appelée désophronisation) avec :

5. une augmentation du tonus mental (préparation à la fin de l'expérience) ;

6. du tonus physique (respiration plus ample, mouvements, étirements) ;

7. l'ouverture des yeux.

L'ensemble (figure 4.3) peut durer de cinq minutes (séance « flash » au quotidien) à cinquante minutes (séance en groupe de relaxation dynamique entraîné), être réalisé debout ou assis, plus rarement allongé. Les étapes 1 à 3 et 5 à 7 nécessitent plus de temps chez le débutant. L'expert peut réaliser les étapes 1, 2 et 3 sur environ sept respirations, voire sur une seule lente expiration.

Les techniques spécifiques de base

En sophrologie, nous commençons toujours par l'expérimentation de techniques centrées sur le paramètre du présent, et ce pendant plusieurs séances. Elles consistent à être attentif ou concentré sur un stimulus souvent interne, parfois externe, dans « l'ici-et-maintenant ». Ces techniques sont les plus fondamentales et les plus faciles à utiliser dans les situations quotidiennes, par exemple lors d'une attente, d'une confrontation à une situation éprouvante, etc. Elles peuvent être proposées aussi

1. Voir paragraphe sur les niveaux de conscience dans *Les principes et fondements de la sophrologie,* page 23. Le sophrologue reste, pendant la pratique, dans une conscience vigile qui lui permet de s'adapter aux personnes qu'il accompagne.

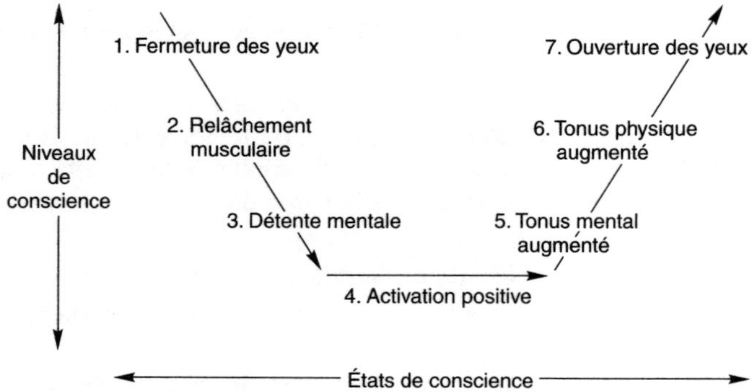

Figure 4.3 ■ Sophronisation, activation intrasophronique et désophronisation, à rapprocher de la figure 2.2

bien en groupe qu'en séance individuelle et peuvent se suffire à elles-mêmes.

Nous pouvons ensuite, si cela est pertinent, proposer des techniques orientées vers notre devenir, en évoquant notre futur de manière positive et suivant une progression adaptée. Nous avons la capacité d'anticiper en imagination notre existence. En sophrologie, nous allons dynamiser cette capacité naturelle de manière positive. Ces techniques sont faites en séances individuelles. Elles peuvent l'être en séances en groupe, sous réserve d'une proposition convenant à chaque sophronisant.

Dans un troisième temps – mais pas lors de la même séance et avec certaines précautions – l'évocation de notre passé avec des souvenirs positifs, peut être proposée. Il ne s'agit pas tant de rechercher des causes passées d'éventuelles difficultés présentes, mais bien plus de se rendre compte que nous sommes riches d'expériences agréables ou positives. La large majorité des techniques sont utilisées pour renforcer les structures positives de notre conscience et mieux vivre notre présent. Ces techniques peuvent être réalisées en groupe avec la même réserve que pour les techniques précédentes.

Il existe aussi des techniques globales ou de « *tridimensionnalité* », reprenant dans une même séance et de manière complémentaire, les trois paramètres précédents. Ce sont des techniques qui sont davantage axées sur le sens que nous donnons à notre existence. Elles ne sont proposées qu'à des sophronisants ayant expérimenté de manière agréable les trois autres paramètres. Ces techniques peuvent être proposées en séance individuelle ou de groupe.

Notre intention n'est pas de vous apprendre les techniques de sophrologie : il est nécessaire de le faire auprès d'un sophrologue diplômé qui saura les adapter à votre situation particulière. Il s'agit ici, plus modestement, de vous en décrire quelques-unes, pour rendre notre propos plus concret[1]. Nous faisons toutefois le choix de vous en donner le terme sophrologique exact, ainsi que l'abréviation usuelle, ceci pour en faciliter la description par écrit et vous permettre de mieux communiquer auprès d'un expert ou comparer avec d'autres ouvrages spécialisés. Pour la même raison, nous vous présentons les techniques récemment mises au point par A. Caycedo, même si elles nécessitent encore de nombreuses expérimentations pour être validées.

1. Il existe au total près de 40 techniques codifiées, en comptant les différentes variantes.

Techniques spécifiques centrées sur le présent

Nous vous avons déjà présenté deux de ces techniques, en guise d'introduction, lors de l'histoire et origines de la sophrologie. Essayez, en les reprenant, d'en trouver le nom exact !

- **La sophronisation de base (SB)** : Il s'agit de la première technique enseignée et la « porte d'entrée » minimale à toutes les autres. Elle correspond aux trois premiers temps de la figure 4.3 et se termine par la « désophronisation » (trois derniers temps de la même figure[1]). Elle vise, de plus, à développer une plus grande qualité de présence et d'intégration.
  *Protocole** : repérage dans l'environnement, fermeture des yeux, accueil des sensations de manière stéréotypée (toujours dans le même ordre), de la tête aux pieds en terminant par la perception de la globalité du corps. Chaque SB est une nouvelle « lecture du corps » avec un « regard » neuf, comme si c'était la première fois.
- **La désophronisation ou désophronisation de base vivantielle (DSBV)** : Elle correspond à l'activation mentale et physique, l'augmentation du tonus, en fin de pratique.
  Protocole : préparation mentale (étape 5), plusieurs inspirations amples, mobilisation des extrémités, puis de tout le corps, étirements, bâillements éventuels (étape 6), ouverture des yeux. Il existe, depuis 2001, une variante qui consiste en une activation des pieds à la tête avant la globalité du corps, suivant l'ordre inverse de la sophronisation de base vivantielle par les cinq systèmes (SBVS, présentée plus loin).

1. Voir aussi ETCHLECOU B. (2007), pages 9 à 11. Un exemple de texte de sophronisation de base y est détaillé.

– **La sophronisation de base vivantielle (SBV)** : Privilégiée depuis 1989, il s'agit d'une variante de la SB. Elle consiste à ajouter la mobilisation ou la contraction du corps, pour en faciliter la perception et éviter la somnolence.
Protocole : trois variantes existent. La première démarre par l'activation globale de tout le corps après la fermeture des yeux et avant le repérage ou accueil des sensations, comme dans la première technique présentée. La seconde termine par l'activation corporelle (après la SB). La dernière est détaillée dans la technique suivante (SBVS). L'activation du corps peut se faire avec une stimulation de la relaxation dynamique du premier degré (voir plus loin), par des mouvements ou tensions libres, ou encore par une contraction de tout le corps en respiration synchronique (voir plus loin).

Exemple de terpnos logos (TL) complet

Assis dans la position de votre choix, vous prenez le temps d'effectuer librement quelques mouvements... Vous prenez conscience du monde qui vous entoure... [*Le sophrologue fait ce qu'il propose. Puis il prend la posture tonique de la figure 4.1.*]

Les yeux ouverts, vous portez votre attention sur la respiration, vous observez comment elle s'effectue... Conscience des mouvements, de toutes les sensations de la respiration...

Si vous le décidez, vous fermez les yeux. [*Le sophrologue ferme les yeux mais les ouvre ensuite, pour s'assurer du bon déroulement de la séance.*] Vous vous centrez davantage sur vous-même, dans l'accueil de toutes les sensations... A tout moment, vous prenez la liberté d'adapter les propositions...

(Vous pouvez privilégier une posture tonique : paumes des mains sur les cuisses, pieds à plat au sol, tête droite, axe vertébral redressé sans tension inutile. Présence à vous-même, à toutes les sensations...)

Pour faciliter la présence du corps dans la conscience : inspiration... rétention de l'air, vous étirez librement tout le corps... Expiration, vous relâchez... [*Là encore, le sophrologue fait ce qu'il indique.*] En respiration libre, vous accueillez toutes les informations corporelles...

Pour chaque lieu du corps, vous prenez conscience des sensations au niveau de la peau, des sensations profondes, de toutes les informations...

Vous constatez les sensations au niveau de la tête, du visage. (A tout moment, vous pouvez bouger, changer de position...)

Vous accueillez les sensations du cou, de la nuque, des épaules ; des membres supérieurs jusqu'au bout des doigts...

Accueil des sensations du thorax : la poitrine, les côtés, le dos. Les sensations superficielles, les sensations profondes...

La région lombaire, les flancs, la région abdominale. Vous constatez les mouvements de la paroi abdominale... Conscience de la respiration...

Vous prenez conscience du bas du corps : les muscles fessiers, ceux du périnée, les organes sexuels. Les membres inférieurs jusqu'aux orteils...

Conscience des contacts, des appuis. Conscience de la globalité du corps...

(Inspiration... rétention, légère contraction de tout le corps... Expiration, relâchement. Vous prenez conscience de l'unité corporelle.) Vous vivez votre corps dans toute sa réalité...

En même temps, vous repérez votre niveau de conscience, les changements au fil de la séance... Présence à vous-même... »

[Une autre technique peut ici être proposée avant la désophronisation]*

Vous vous préparez à terminer la séance... Vous prenez conscience du lieu, du moment. Vous augmentez progressivement votre tonus. [*L'intensité et le dynamisme de la voix du sophrologue augmentent aussi.*] Vous respirez profondément... Vous commencez à bouger les extrémités : les orteils, les pieds, les doigts, les mains, le visage... Vous prenez au moins deux autres respirations, avec de grandes inspirations. Vous continuez de mobiliser tout votre corps [*ce que fait aussi le praticien*]. Vous pouvez vous étirer, bâiller, faire tous les mouvements qui vous font plaisir, pour une complète récupération de votre tonus... Lorsque vous êtes prêt(e), vous ouvrez les yeux !...

– **La sophronisation de base vivantielle par les cinq systèmes (SBVS)** : Utilisée depuis environ 2001, il s'agit de la dernière variante de la SBV précédente. Elle consiste à mobiliser ou contracter chaque région du corps successivement, entrecoupé d'un court temps de prise de conscience des nouvelles sensations.
Protocole : après la fermeture des yeux, prise de conscience de la première région corporelle (ou « premier système ») ; contraction, mouvements de cette région en respiration libre ou synchronique ; relâchement dans la prise de conscience des nouvelles sensations, à partir de « l'espace* d'interaction » ou « point d'intégration » ; même protocole avec même durée pour les cinq régions successives (voir tableau), puis pour la globalité du corps.

Tableau 4.1 ■ Les cinq systèmes corporels

Région ou structures anatomo-physiologiques	Espace d'interaction
1) Tête (le crâne et la face).	Milieu du front.
2) Cou, partie externe des membres supérieurs, qui comprend les régions deltoïdes (épaules), postérieure des bras, postérieure de l'avant-bras et le dos de la main.	Thyroïde (à la base du cou.)
3) Thorax, partie interne des membres supérieurs, qui comprend les régions axillaire (aisselles), antérieure du bras, antérieure de l'avant-bras et la paume de la main.	À la base du sternum.
4) Région abdominale et lombaire, qui comprend la partie supérieure de la région ombilicale et la région épigastrique.	Environ 4 cm au-dessus de l'ombilic.

Tableau 4.1 ■ (suite)

5) Région du bas-ventre, qui comprend la partie inférieure de la région ombilicale et partie de la région pubienne ou hypogastrique, et les membres inférieurs.	Milieu du bas ventre, environ 4 cm au-dessous de l'ombilic.
6) Globalité du corps (fondamental).	Ombilic[a].

a. Après avoir proposé le 3e système et 3e espace d'interaction pour la globalité du corps, A. Caycedo propose depuis 2005 un « méga-système » pour la globalité du corps avec l'ombilic comme espace d'interaction. Source : cours magistral de CAYCEDO A., Andorre, juillet 2005.

La SBVS est la première technique clé proposée actuellement en sophrologie caycédienne® au début de chaque protocole.

TL abrégé (pour non débutant) utilisé typiquement en sophrologie caycédienne®

Nous commençons comme toujours avec le corps relâché. Conscience de la forme de notre premier système sans tension... Douce tension de notre système avec la présence de l'espace d'intégration... La sophronisation de base est une prise de conscience de la corporalité*, toujours avec la conscience éveillée.

Conscience de la forme de notre deuxième système sans tension... Douce tension du système. Présence de l'espace d'intégration au niveau de la thyroïde...

La forme de notre troisième système en train de se relâcher. Douce tension interne de notre troisième système et conscience de l'espace d'intégration du système au niveau de la base du sternum.

La forme du quatrième système sans tension. Douce tension du système. Espace d'intégration au niveau abdominal...

La forme de notre cinquième système en train de se relâcher. Conscience de l'espace d'intégration du système au niveau du bas-ventre...

Maintenant, pour avoir une meilleure présence du corps dans la conscience : inspiration, rétention, tension du corps... expulsion. La présence du corps dans la conscience...

– **Le sophro-déplacement du négatif (SDN) ou technique de libération des tensions inutiles (LTI)** : Déplacement ou mise entre parenthèses du « négatif ». Au lieu d'un « déplacement » (vers où ?), pour nous, il est plus juste de parler de libération des tensions inutiles (LTI) – un tonus minimal étant nécessaire, tant mentalement que physiquement – ou simplement de relâchement musculaire[1]. *Protocole de base :* SB (ou SBV). SDN : inspiration, rétention de l'air, contraction de tout ou partie du corps puis, à chaque expiration, sur plusieurs respirations ordinaires, relâchement musculaire de la partie du corps concernée ou du corps tout entier[2]. Le SDN peut être fait deux ou trois fois. Activation du positif (SPP) ou de la vitalité (SAV[3]). Pause d'intégration. Désophronisation.

Extrait de séance, exemple de TL orientatif (globalité du corps)

Inspiration... rétention de l'air, contraction de tous les muscles du corps... Expiration, relâchement...

1. A. Caycedo conserve le terme de sophro-déplacement du négatif. Sa fille, Nathalia Caycedo, utilise souvent lors de ses animations, les termes de « libération des tensions ». Nous préférons la précision « inutiles » utilisée par B. Santerre.
2. Il est possible de réaliser le SDN par les cinq régions corporelles (voir SBVS), ou autres séquences, avant le globalité du corps comme ici.
3. Il ne s'agit d'un Service Après Vente mais de la technique de « sophro-activation vitale » décrite plus loin !

En respiration ordinaire, sur chaque expiration : libération des tensions inutiles...

[Le SDN par les cinq systèmes est la seconde technique clé proposée en sophrologie caycédienne® au début de chaque protocole.]

TL du SDN par les cinq systèmes

En respiration libre, nous élevons les bras à la verticale. Nous fermons les poings. Inspiration... Rétention, contraction de tous les muscles du corps... Expiration, relâchement.

Doucement, les doigts descendent pour se situer au milieu du front : en respiration ordinaire, sur chaque expiration, libération des tensions inutiles de la tête, du visage...

Doigts à la base du cou. Épaules et bras relâchés. Sur chaque expiration, libération des tensions inutiles du cou, des épaules, des membres supérieurs...

Les doigts à la base du sternum : avec chaque expiration, relâchement musculaire du thorax, du dos...

Doigts sur l'abdomen, au-dessus de l'ombilic. Libération des tensions de la région lombaire, de l'abdomen...

Au niveau du bas-ventre, sur chaque expiration, libération des tensions inutiles de tout le bas du corps...

Bras le long du corps, relâchement dans la posture.

En respiration ordinaire, sur chaque expiration, libération des tensions inutiles de tout le corps...

– **La sophro-présence du positif (SPP) ou sophro-présence immédiate (SPI)** : Projection, dynamisation de tout le « positif » dans tout ou partie du corps. Cette technique permet de développer une nouvelle qualité de conscience et d'intégration des sensations positives lors de la séance puis dans le quotidien.

Protocole : après le SDN, en respiration ordinaire, sur chaque inspiration, pendant plusieurs respirations, dynamisation de tout le « positif » dans tout ou partie du corps. Arrêt de la technique et intégration avant la désophronisation ou une autre technique.

Extrait de séance

Maintenant, sur chaque inspiration, vous mobilisez le positif dans tout votre corps... À chaque inspiration, dynamisation du positif. Vous pouvez vous aider d'une image ou d'une pensée agréable...

- **La sophro-respiration synchronique (SRS)** : Consiste à synchroniser des mouvements, formulations mentales, images, sensations, etc. avec la respiration.
  Protocole de base : SB. SRS : inspiration, rétention de l'air, stimulation ou mouvement corporel (voir relaxation dynamique), expiration, relâchement en conscience. Pause d'intégration avec lecture du corps (SB). Désophronisation.
- **La protection sophro-liminale (PSL)** : Induction de la relaxation en associant l'expiration à la répétition mentale d'un mot évocateur. Le mot est choisi librement par chaque sophronisant. La PSL est une modalité de la respiration synchronique (SRS) précédente. Elle vise à renforcer le niveau sophroliminal et stimuler un sentiment positif protecteur dans le présent.
  Protocole : SB (ou SBV). PSL pendant plusieurs respirations. Arrêt de la technique et intégration avant la désophronisation ou une autre technique.

Extrait de séance

Vous inspirez normalement, vous retenez l'air une seconde ou deux ; au moment où vous expirez, vous prononcez mentalement un mot qui évoque pour vous le calme, la tranquillité, la relaxation...

Inspiration, courte rétention, le mot choisi sur l'expiration... Plusieurs fois. Vous vous intéressez à tout ce que cela produit en vous à chaque instant...

– **La sophro-présence (SP)**[1] : consiste à développer la qualité de conscience et d'intégration d'un ou plusieurs phénomènes physiques (sensation, émotion) ou psychiques (autre capacité[2] ou valeur), dans le simple constat des phénomènes qui se présentent.
Protocole : SB (ou SBV), PSL, SP à un phénomène. Arrêt de la technique et pause d'intégration (avant une autre technique) ou de totalisation avant la désophronisation.
– **La sophro-présence relaxante (SPR)** : Consiste à évoquer « quelque chose » d'agréable et d'y mettre autant de détails sensoriels, affectifs que souhaités.
Protocole : SB (ou SBV), PSL, SPR, avec une ou deux minutes de silence. Arrêt de la technique (centrage sur les sensations présentes) et pause de totalisation avant la désophronisation.

Extrait de séance

Pour dynamiser le positif qui est en vous, vous évoquez quelque chose d'agréable, dans n'importe quel domaine, quelque chose qui vous fait plaisir. Vous y mettez autant de détails que vous le souhaitez... » [Environ une minute de silence.]

– **La sophro-activation vitale (SAV)** : Technique récente (environ 2001) qui oriente la vivance de tout ou partie du corps (voir SDN) vers « une douce augmentation de la

1. J'emprunte le nom de cette technique, distinguée de la S.P.P. ou S.P.I., à Norbert CASSINI, Ecole Française de Sophrologie.
2. Liste des principales capacités pages 35 et 36.

température, de l'énergie, de la chaleur vitale et du plein fonctionnement des tissus et des organes vitaux »[1]. Elle a pour principaux objectifs le renfort, la préservation ou le développement de la santé (dans sa modalité biologique) ; elle s'inscrit aussi dans une prophylaxie par une attention nouvelle à notre capital vital.

Protocole : en lieu et place de la sophro-présence du positif (SPP), après la technique de libération des tensions inutiles (LTI ou SDN). En respiration ordinaire, sur chaque inspiration, dynamisation de la vitalité, du bon fonctionnement organique, dans tout ou partie du corps. Sur chaque expiration, renforcement de l'expérience. En même temps, il est proposé de prononcer mentalement un ou plusieurs mots évocateurs sur chaque inspiration et expiration. A. Caycedo demande au sophrologue d'induire les termes « sophro-activation » (SAV) ou « sophro-harmonisation » (SHV) ou encore « sophro-stimulation » (SSV) sur chaque inspiration, « vitale » sur chaque expiration.

La SAV est la troisième et dernière technique clé proposée en sophrologie caycédienne® au début de chaque protocole.

Extrait de séance

Avec chaque respiration, vous activez l'énergie, la vitalité. Pour vous aider, vous pouvez prononcer mentalement les mots de votre choix, sur chaque inspiration, sur chaque expiration... Agréable activation de la vitalité...

– **La sophro-substitution sensorielle (SSS)** : l'une des premières techniques utilisées en sophrologie, directement issue

1. CAYCEDO A., 2001.

de l'hypnose, consistant à apprendre progressivement à remplacer une sensation désagréable ou douloureuse par une sensation neutre ou agréable (froid ou chaleur, par ex.). *Protocole* : SB inductive, PSL, SSS avec programmation pour une durée déterminée. Arrêt de la technique avec la pause de totalisation avant la désophronisation.

– **La technique de vivance phronique* (ViPhi)** : Technique récente (environ 2004) inductive qui vise à renforcer la présence corporelle sur chaque inspiration et dynamiser les sentiments positifs sur chaque expiration.
En 2005, A. Caycedo propose de décliner la technique en quatre modalités complémentaires, différentes pour les quatre premiers degrés de la relaxation dynamique. L'accent est mis sur la présence de la peau, lors du premier degré, à laquelle est ajoutée celle des muscles lors du second, des os et de l'ossature dans le troisième degré, des organes vitaux lors du quatrième degré.
Protocole : elle est proposée à la fin de chaque pause* d'intégration (après chaque exercice) et de totalisation (en fin de pratique) des relaxations dynamiques. Elle est réalisée en respiration synchronique, mais sans rétention d'air, en prononçant mentalement sur chaque inspiration un ou plusieurs mots qui évoquent l'activation de la présence du corps (ou de la région corporelle ou « système »), et un ou plusieurs autres mots sur chaque expiration, pour dynamiser les sentiments positifs dans tout le corps ou dans

la région ciblée, ceci pendant plusieurs cycles respiratoires. Il est recommandé de conserver les mêmes mots[1].

Extrait de séance

En respiration ordinaire, sur chaque inspiration, vous renforcez la présence du corps. Sur chaque expiration, vous dynamisez des sentiments positifs. En même temps, vous pouvez prononcer mentalement les mots de votre choix. Sur chaque inspiration : la présence du corps. Sur chaque expiration : sentiments positifs...

Techniques spécifiques centrées sur le futur

Elles démarrent et se terminent toutes par un centrage dans le présent à travers les sensations. Dans ces techniques, ce qui importe ce n'est pas tant la situation évoquée (cela ne doit pas se limiter à de la visualisation) que la dynamique positive mise en place (le mouvement positif de la conscience vers notre devenir). Elles ont pour objectif principal de nous aider à mieux mobiliser nos capacités et ressources actuelles pour une ou plusieurs situations à venir.

– **La futurisation* simple (FS)** : Première technique expérimentée dans le paramètre du futur pour l'appréhender de manière agréable ou positive. Elle consiste à imaginer librement « quelque chose » d'agréable qui va probablement être vécu dans un avenir proche.
  Exemple de protocole : SBV ; protection sophro-liminale (ces deux techniques doivent être préalablement maîtrisées) ; FS.

1. A. Caycedo induit les mots « vivance phronique », lors de l'inspiration et « Isocay » ou « bonheur vital » (depuis 2005), lors de l'expiration, d'où le nom de la technique : « Vivance phronique Isocay » ou « Viphi » (à ne pas confondre avec « Wifi » !).

Arrêt explicite de l'exercice avec prise de conscience des sensations présentes . Activation positive (SPP). Pause de totalisation. Désophronisation.

Extrait de séance

Vous évoquez quelque chose d'agréable, que vous allez probablement vivre dans quelque temps (quelques heures, quelques jours). Vous y mettez autant de détails que vous le souhaitez... Pendant quelques instants, vous vous concentrez sur l'évocation agréable de votre futur proche... [une à deux minutes de silence.]

Vous cessez l'évocation. Vous vous intéressez à toutes vos sensations. Vous profitez de ce moment de présence à vous-même...

– **La sophro-acceptation progressive (SAP)** : Consiste à imaginer positivement une situation, redoutée a priori, dans un futur assez lointain (trois mois ou davantage) pour l'accepter progressivement (par la répétition de la technique), la dédramatiser[1]. Elle est précédée d'une ou plusieurs expériences agréables de la technique précédente. *Exemple de protocole* : SBV ; protection sophro-liminale (PSL) ; SAP : s'imaginer positivement (relaxé) dans une situation quotidienne.

a) dans un court terme (CT - le soir de la séance ou le lendemain, par ex.) et mettre autant de détails (sensoriels, affectif, cognitifs) que souhaités avant de renforcer le positif de l'évocation (SPP) ;

b) dans un moyen terme (MT - quelques jours, éventuellement en évoquant l'événement difficile de manière positive et toujours en terminant par la SPP) ;

1. Voir également ETCHELECOU B. (2007), *op. cit.* pages 11 à 14.

c) puis dans un long terme (LT - quelques semaines, mois, voire années, c'est-à-dire qu'il est possible de se projeter bien après l'événement), en terminant par l'activation positive (SPP). Centrage dans le présent. Pause de totalisation. Désophronisation (activation de fin de séance).

Les trois étapes (CT, MT, LT) sont réalisées dans chaque séance.

Il s'agit d'une acceptation progressive du « schéma existentiel[1] » à venir, dynamisé par la répétition positive du protocole. L'épreuve peut ne pas y être directement évoquée.

– **La sophro-programmation du futur (SPF)** : Consiste à se projeter en imagination, de manière agréable, dans une situation redoutée à venir. Dans la SPF, l'épreuve est donc évoquée et nécessite un bon ancrage positif préalable.
  Protocole : il existe plusieurs façons de faire. Par exemple, après la SBV, la protection sophro-liminale (PSL) ou les trois techniques clés (voir plus haut[2]), puis :

a) s'imaginer l'épreuve avec un maximum de détails et s'y représenter calme, confiant, en pleine possession de tous ses moyens (scénario positif de l'épreuve) ;

b) s'imaginer dans l'avenir, après l'épreuve, dans un endroit agréable, paisible, avec une personne « positive » (ami ou famille) à qui on explique le déroulement positif de l'épreuve

1. Voir les principes fondamentaux, chapitre 2.
2. Dans la majorité des techniques, la PSL peut être remplacée par l'association SDN+SPP ou SDN+SAV ; voir pages précédentes pour la signification de ces abréviations.

passée, notre satisfaction (sorte de souvenir du futur). On se place donc après l'épreuve et on explique sa programmation.

Ces deux façons de faire peuvent aussi être proposée dans la même séance (a puis b).

La SPF peut démarrer par une formulation positive de l'objectif. Elle peut-être suivie d'une sophro-présence du positif (voir plus haut) avant la pause de totalisation et la désophronisation.

- **La protection sophro-liminale du sommeil (PSL du sommeil)** ou **sophro-protection du sommeil** : Technique inductive proposée pour faciliter l'endormissement. Elle n'est proposée qu'après plusieurs séances avec l'apprentissage de la SBV, de la respiration consciente, de la protection sophro-liminale (PSL) et de la sophro-présence relaxante (SPR).
  Protocole : SBV puis la PSL. Imaginer les rituels habituels de fin de journée (repas, toilette...), l'endormissement avec la PSL ; le matin et ses rituels (réveil, repas, toilette, etc.) avec des renforcements positifs autour du sentiment « d'avoir mieux dormi » ; terminer par une courte programmation positive de la journée. Se termine comme la SPF précédente.

Techniques spécifiques centrées sur le passé

Elles suivent les mêmes principes, au niveau des protocoles, que les techniques centrées dans le paramètre du futur. Elle visent à mobiliser le champ d'expériences passé en vue d'une dynamisation positive de notre présent et/ou une préparation à une situation future.

- **La sophro-mnésie libre (SMnL)** : Première technique expérimentée dans le paramètre du passé.

Protocole : démarre et se termine comme pour la futurisation simple décrite plus haut.

Extrait de séance

Vous évoquez un ou plusieurs souvenirs agréables, récents ou anciens. Pendant quelques instants, vous évoquez ces souvenirs agréables. Vous y mettez autant de détails que vous le souhaitez... [Une à deux minutes de silence.]

– **La sophro-mnésie senso-perceptive (SMnSP)** : Variante de la technique précédente. Le sophrologue guide et induit cette fois davantage de détails. Un ancrage corporel peut aussi être ajouté.
  Protocole : celui de la technique précédente avec, à la place du silence, un accompagnement du sophrologue pour détailler les sensations extéroceptives* (les cinq sens) et intéroceptives* de l'évocation, les affects agréables et les comportements (verbaux ou non).

Les relaxations dynamiques

Comme nous l'avons indiqué lors du premier chapitre, les trois premiers degrés des relaxations dynamiques ont été élaborées à partir de l'expérience personnelle de A. Caycedo de méthodes orientales : certains yogas indiens, une forme de yoga tibétain (*tummo ou dhumo*), le zazen japonais. Il s'agit d'abord d'une synthèse originale de méthodes traditionnelles, adaptées à notre culture occidentale, tant du point de vue philosophique ou religieux (l'ésotérisme initial en est enlevé), que du point de vue du choix des stimulations ou postures (pas de postures inconfortables au sol, par exemple).

Pratiquées debout ou assis sur une chaise, elles constituent la méthode privilégiée en groupe de sophropédagogie et représente l'un des piliers de la sophrologie[1].

La méthode est éprouvée, testée avant d'être codifiée une première fois (en 1968) en trois degrés. En 1985, Caycedo présente aux sophrologues francophones un quatrième degré original, élaboré à partir des différentes expériences sophrologiques en groupe.

Protocole commun actuel pour la pratique des relaxations dynamiques

- Les relaxations dynamiques commencent dans la posture de base debout.
- Après un repérage du lieu et de soi et quelques mouvements libres, le sophronisant est invité à fermer les yeux, pour mieux se centrer sur ses sensations.
- Suit les deux premières techniques clés présentées plus haut : la sophronisation de base vivantielle, la libération des tensions inutiles (ou sophro-déplacement du négatif).
- La troisième technique clé, sophro-présence du positif ou sophro-activation vitale, est réalisée le plus souvent en posture tonique assise (figure 4.1, page 85[2]).
- Les autres étapes sont différentes d'une méthode (ou « degré ») à l'autre. Elles peuvent être réalisées les yeux fermés (cas le plus fréquent) ou demi-ouverts (à partir du troisième degré) ; assis, en posture tonique ou en posture active dite du « troisième degré » (figure 4.2) ; debout ou en marchant ; en respiration synchronique ou respiration libre. À tout moment le sophronisant reste libre d'adapter les propositions.

1. Est-ce qu'un praticien ne maîtrisant pas les relaxations dynamiques fondamentales peut se dire sophrologue ?
2. Il est possible de réduire le protocole – comme dans la version originelle – à la première technique clé au lieu des trois présentées ici.

- Chaque activation ou stimulation est suivie d'un temps d'immobilité dans la présence à soi appelée « pause d'intégration ». Il s'agit d'un moment fondamental et l'une des spécificités de toutes les techniques sophrologiques. Cette pause se fait soit debout (posture privilégiée jusqu'en 1999), soit en posture assise de base et consiste, pour l'essentiel, à être dans une attitude de réceptivité, d'accueil des phénomènes dans l'ici-et-maintenant. La pause d'intégration peut se terminer par une activation synchronisée sur plusieurs inspirations et expirations avec la technique « Viphi » décrite page 104.
- La séance se termine le plus souvent en posture de base assise, les yeux fermés, pour une « pause de totalisation » avant l'activation finale (« désophronisation », étapes 5 à 7 de la figure 4.3, page 92). Cette pause de totalisation est partagée en deux ou trois sous-étapes :

  a) un moment de relâchement pour « engrammer » ou intégrer toute l'expérience, sans effort intellectuel, ce moment peut être facilité par une lecture du corps ;
  b) une étape optionnelle avec l'activation par la technique « Viphi » (voir ci-dessus, lors des pauses d'intégration) ;
  c) la dynamisation de « la confiance en soi, de l'harmonie, de la capacité d'espoir » (Caycedo), de toute capacité ou valeur au choix du sophronisant (approche plus phénoménologique).

La relaxation dynamique du 1er degré : concentration

Le fondateur de la sophrologie désigne cette première méthode comme la « vivance du corps » et la décrit parfois comme une pédagogie de la concentration.

Cette relaxation dynamique du premier degré (RD 1) se compose de onze stimulations corporelles, dans la méthode complète actuelle, réalisées debout, les yeux fermés, le plus souvent en respiration synchronique. Chaque série stimulant tour à tour différents « systèmes » corporels avant l'ensemble du corps, est suivie d'un temps ou « pause » d'intégration. Il s'agit ici d'un moment privilégié pour percevoir avec une grande acuité les zones stimulées et le corps tout entier.

Ce premier degré vise à renforcer de manière pratique le schéma corporel (voir *Les principes fondamentaux,* chapitre 2). Il s'agit de renforcer la présence du corps dans la conscience, de libérer toutes les sensations ou toutes les tensions corporelles (« relaxation »), d'amener une présence particulière du corps. Ces différents phénomènes* du corps vivant sont expérimentés d'autant plus facilement que l'on se trouve à un niveau de conscience particulier (voir *La conscience en sophrologie,* chapitre 2).

> « C'est la première fois que je ressens mon corps comme ça, aussi... finement. C'est vraiment étonnant... » (N., professeur d'E.P.S., sophronisante débutante en groupe de RD1.)

Rappelons qu'il ne s'agit pas de « voir » le corps mais bien de le sentir ou ressentir, d'être attentif aux informations perçues dans les différentes parties du corps.

Pour clarifier cette description, nous indiquons au cinquième chapitre le texte d'une séance sans suivre strictement et volontairement la méthode actualisée.

La relaxation dynamique du 2e degré : contemplation

On y apprend à contempler son schéma corporel. Si la concentration (premier degré) nécessite un effort, la contemplation est à comprendre ici comme « la constatation passive d'une présence (sans intervention) » (A. Caycedo, juin 2004). La sophrologie distingue deux types de contemplation : interne (des sensations intéroceptives, mais aussi des affects, des pensées) et/ou externe (d'abord à partir des sensations extéroceptives puis plus largement).

Cette dynamique se fait presque uniquement assis sur une chaise. La posture en position assise est un peu plus tonique que lors du premier degré. On continue d'être attentif aux informations corporelles en précisant les notions de volumes, poids et limites du corps.

Le sophronisant effectue des séries de mouvements (de la nuque et du cou ; des membres supérieurs ; des membres inférieurs ; du tronc) en contemplant le schéma corporel en mouvement. Là encore, chaque groupe de stimulations est suivi d'une pause d'intégration.

On réalise également une contemplation des organes sensoriels (ou « contemplation des sensations externes », c'est-à-dire extéroceptives) et des sens associés. Il ne s'agit pas – comme cela peut être proposé dans un autre type d'exercice – d'un rappel de sensations (souvenir d'une odeur, d'un goût, d'un son, d'une couleur ou de sensations tactiles), mais bien de la contemplation des sensations à chaque instant et du sens – ou évaluations cognitives – que prennent ces contemplations de faire ainsi la distinction entre la sensation et la perception.

A la fin de cette dynamique, il est proposé de renforcer la capacité d'espoir avec la formulation d'un souhait (pour soi, puis si le sophronisant le veut, pour les êtres chers, voire pour l'humanité toute entière (*cf.* l'expérience de compassion des techniques de méditation bouddhique). Elle se termine par une désophronisation debout, dans une conscience renouvelée de la verticalité et de notre spécificité d'être humain.

Ce degré met l'accent sur l'esprit ou la dimension psychologique qui nous constitue. La méthode actualisée propose une prise de conscience des tissus musculaires avant une futurisation sophronique libre (à rapprocher de la futurisation simple expliquée page 99).

Ainsi, il s'agit de renforcer le schéma corporel, de valoriser l'image du corps et d'avoir une image de soi la plus juste possible.

Ce degré est contemplatif de la perception de la gravitation et du schéma corporel en mouvement. La contemplation externe est aussi une nouvelle perception ou conscience de soi, voire une nouvelle conscience d'être au monde. Ce travail permet de constater que « si le corps est limité, la conscience est illimitée », selon l'expression utilisée dans ce degré et empruntée par A. Caycedo à « Mère » (Maître indienne en yoga intégral).

La relaxation dynamique du 3e degré : méditation

La posture, la respiration basse sous les mains croisées au niveau du bas ventre, la forme, l'équilibre, sont l'essentiel de cette dynamique.

Il s'agit d'une posture active d'ouverture (figure 4.2, page 87). Elle s'inspire de celle du za-zen (de *za*, s'asseoir et *zen*, méditation, concentration), mais en sophrologie on ne s'assied pas en lotus ni même en demi-lotus et l'on préfère l'utilisation d'une chaise au *zafu* (coussin rond et dur utilisé en za-zen). Dans sa forme originelle (1973), le troisième degré propose une méditation sur l'énergie, la nature ou l'harmonie, à partir d'injonctions qui s'inspirent des *koans* japonais (courts aphorismes, absurdes ou paradoxaux, pour percuter la conscience du méditant).

Entre la première partie (yeux fermés) et la deuxième partie (yeux demi-ouverts) se pratique une marche yeux demi-ouverts, synchronisée avec les différents temps de la respiration, présent à soi et au monde extérieur, sur l'alternance des tensions et détentes corporelles. Cette marche, la première proposée en sophrologie, s'inspire de la marche *kin-hin* pratiquée en zen.

En 1993, face aux difficultés de certains participants lors des longs temps de silence, le troisième degré est complètement modifié. Les « sophro-déplacement du négatif » (SDN – voir page 99) y sont ajoutés, pour se libérer cette fois de toutes les tensions physiques *et* psychiques « loin dans le temps et l'espace[1] ».

Ce degré devient ainsi moins « déductif » (comme en za-zen) et beaucoup plus inductif (le sophrologue oriente davantage la dynamique) et donc moins phénoménologique, mais aussi plus accessible au plus grand nombre. Les inductions sont encore accentuées près de dix ans plus tard avec une nouvelle actualisation par « systèmes » corporels (voir tableau pour la SBVS, page 97).

La seconde partie de la forme originelle peut être proposée – comme le fait B. Etchelecou[2] – après le quatrième degré. Il s'agit alors davantage d'une assise silencieuse méditative où le sophrologue laisse pleinement place à l'expérience dans le silence, signe de la complète autonomie du sujet. Cette forme synthétise de manière épurée toutes les méthodes et techniques expérimentées au profit de l'essentiel ou de l'essence de l'être.

Des stimulations en respiration synchronique (SDN ou LTI, voir plus haut) peuvent être pratiquées pour « déplacer le négatif de notre existence » avec les expirations, notamment lors des premières séances.

1. La technique est donc un peu différente dans son intentionnalité dans cette relaxation dynamique par rapport à la technique de sophro-déplacement du négatif déjà présentée.
2. ETCHELECOU B., 2007, *op. cit.,* pages 25 et 53.

« Rien de négatif ne venait, alors j'ai essayé de me rappeler quelque chose de désagréable. Du coup, j'ai été complètement envahie, j'ai préféré arrêter là... » (D'après le témoignage d'une sophronisante.)

Toutefois, pour nous, il ne s'agit pas tant de rechercher mentalement des expériences « négatives », ou le souvenir de traumatismes, mais bien plus de se libérer de tout ce qui nous empêche d'être dans l'instant. Ce choix est dû à plusieurs expériences négatives de la méthode initiale et l'intérêt pour une méthode plus épurée et davantage dans la dynamique originelle.

« Il n'est pas nécessaire de penser au passé, à l'avenir. Penser simplement à cet instant du milieu qui est ici-et-maintenant. » (Maître Sosan[1].)

La version actualisée remplace les séquences de sophro-déplacement du négatif par une prise de conscience du tissu osseux avant une sophro-mnésie senso-perceptive (voir page 103), une sophro-présence immédiate (voir page 100) et une sophro-projection future (futurisation).

Dans le troisième degré, Il n'y a plus de différence entre le corps et l'esprit, on apprend à méditer avec le corps et non plus sur le corps[2].

La relaxation dynamique du 4e degré : totalité

Cette dynamique propose une méditation pour découvrir et conquérir notre dimension existentielle et/ou spirituelle.

---

1. Cité dans PIGANI E., *L'Art zen du temps*, Presses du Châtelet, 2005.
2. Pour aller plus loin, nous encourageons le lecteur à lire la description critique du troisième degré de ETCHELECOU B. 2007, pages 41 à 44.

Jusqu'aux années 2000 environ, il était proposé d'évoquer successivement sept valeurs (méditation en posture du quatrième degré déjà décrite) :

1. l'individualité ou la liberté,
2. la « groupéité[1] » (amis, famille, êtres chers),
3. la société,
4. l'humanité,
5. l'universalité,
6. l'éternité,
7. la divinité.

En pratique, certaines de ces propositions provoquaient une activation négative contraire à l'un des principes fondamentaux de la sophrologie, comme Caycedo l'a rapidement constaté[2] :

> « Si la personne ne croit pas en Dieu, par exemple, il n'est pas question d'établir phénomène avec la divinité. Si quelqu'un dit "moi la société, je m'en fiche, la société m'a rendu malade", il n'est pas question d'utiliser cette valeur. » (Caycedo, cité par Chéné, 2003.)

Aujourd'hui, Caycedo propose donc à chacun de prendre la ou les valeurs de son choix tirées d'une liste de base donnée en début de séance. La méthode actualisée comprend six prises de posture du quatrième degré (une posture par système corporel,

1. Le suffixe « .ité » est emprunté à la phénoménologie et désigne ici une « projection à l'existence ».
2. De nombreux sophrologues francophones ont retiré dès le début la « valeur » « divinité ».

une pour la totalisation), une prise de conscience des organes vitaux[1] avant la marche « du nouveau regard » (voir ci-dessous).

Nous laissons, pour notre part et comme d'autres, chacun « évoquer, réclamer ou laisser venir, une ou plusieurs valeurs » de son choix, sans autres propositions. Il nous semble en effet plus phénoménologique de rester dans une démarche moins inductive pour que chacun découvre, déduise ses propres valeurs.

Chaque stimulation méditative est suivie d'une pause d'intégration debout, les yeux fermés.

Dans la méthode complète initiale, cette dynamique se pratique en deux parties séparées par une marche libre, réalisée de préférence à l'extérieur. L'intentionnalité de cette marche est d'être dans une attitude de découverte de soi et du monde, « comme si c'était la première fois » (voir la présentation de la phénoménologie, au premier chapitre). Les participants se déplacent les yeux tantôt fermés (nouveau « regard » sur leur monde intérieur), tantôt demi-ouverts (nouveau regard sur le monde extérieur), relié aux valeurs choisies.

Il s'agit de vivre sans jugement les phénomènes, d'expérimenter une rencontre existentielle avec soi-même, avec le monde, les objets, les êtres animés. A. Caycedo parle ainsi de la création d'un nouvel espace intérieur – qu'il appelle la « région phronique* » – non pour simplement vivre mais pour exister pleinement.

1. Chaque degré reprend implicitement ou explicitement des éléments des précédents : lors du second, l'accent est mis sur le tissu musculaire, tout en conservant la conscience du tissu épithélial (peau) souligné – dans la méthode actualisée – lors du premier degré, etc.

L'approche sophrologique factorielle [1]

Certains sophrologues privilégient les techniques spécifiques, d'autres les relaxations dynamiques (R.D.), la plupart combinent ces deux approches, mais ce choix est parfois déterminé par des préférences arbitraires du sophrologue, de l'effectif (la R.D. étant privilégiée en groupe) ou du temps disponible.

Relaxation dynamique

- Avantages : respect de l'individu dans son cheminement ; priorité à l'éveil d'une qualité de conscience reliée aux valeurs existentielles ; approche globale dynamisant les capacités universelles ; effets à long terme.
- Inconvénients : réponses aux demandes ou motivations des sophronisants peu explicites ; contraintes de l'entraînement décourageantes ; approche peu adaptée aux interventions courtes.

Techniques spécifiques

- Avantages : réponses aux besoins exprimés ; facilité d'adaptation à des contextes d'intervention de courte durée ; effets plus immédiats sur les contenus personnels.
- Inconvénients : approche privilégiant le résultat à court terme au détriment de la qualité de conscience, de l'autonomie et d'un lien avec les valeurs existentielles ; risque accru de projections du praticien de ce qu'il considère comme « bon » pour l'autre.

1. Ce paragraphe est issu des travaux de Norbert CASSINI et de l'Ecole Française de Sophrologie de Montpellier qu'il dirige depuis 1995, avec son aimable autorisation.

Norbert Cassini propose une méthodologie originale – dont je m'inspire désormais – qu'il désigne par « Approche Sophrologique Factorielle » ou A.S.F. L'A.S.F. combine intelligemment les deux options dans un même cursus, voire dans une même séance, tout en conservant la R.D. comme « colonne vertébrale ». Pour cela, certains « facteurs » sont abordés et travaillés progressivement et en parallèle de la R.D. Il définit le facteur (et sous-facteur) comme « la variable dont le degré de conscience, de maîtrise et d'intégration à une influence sur le thème abordé ou l'objectif d'une personne» (2010). Après que le praticien – avec la collaboration des personnes – ait repéré les facteurs utiles ou nécessaires pour le ou les sophronisants, chaque facteur est d'abord abordé progressivement et phénoménologiquement (étape de découverte, d'observation sans jugement), avant, dans d'autres séances, une recherche d'amélioration ou de résultat (conquête par la variation volontaire du phénomène, par exemple) et enfin, dans un troisième temps, l'aide à l'application concrète reliée aux objectifs (sportifs, familiaux, professionnels, etc.) de chacun.

Facteurs les plus courants : la respiration, l'écoute du corps et des sensations, la détente, la concentration, l'image de soi, les émotions, les conditionnements affectifs, la douleur, les valeurs existentielles.

Objectifs de l'A.S.F.

Pour résumer, cette approche propose de :

- faciliter l'accès à la pratique de la relaxation dynamique ;
- respecter les étapes de *découverte, conquête et transformation* des phénomènes ;

- proposer un accompagnement relié aux motivations et besoins de chacun ;
- concilier une recherche d'efficacité tout en évitant de proposer des solutions réductives ou toutes tracées ;
- favoriser l'autonomie de chacun par le développement d'une plus grande qualité de conscience mais aussi une plus grande capacité d'action et d'adaptation.

Les actualisations et les autres relaxations dynamiques

Depuis la présentation du quatrième degré de la relaxation dynamique (1985), A. Caycedo a modifié les degrés initiaux.

- En 1991, les stimulations sonores sont expérimentées dans les quatre premiers degrés : les sophronisants doivent alors utiliser comme nouveau moyens de stimulations des syllabes différentes, en fonction de l'étape ou degré (avec, à l'époque, les syllabes « é – ou – fro – ni - a », en lien avec « l'euphronie », un autre néologisme désignant, pour simplifier, l'harmonie de la conscience).
- L'année suivante, le corps est décrit à travers cinq « systèmes » corporels, qui deviendront quelques années plus tard les « systèmes Isocay® ». Le cinquième degré de la relaxation dynamique et le « cycle radical » de la méthode sont présentés.
- En 1993, nous en avons parlé, le troisième degré est rendu plus accessible avec l'utilisation de la technique de « sophro-déplacement du négatif ».
- La « posture Isocay® », et donc le terme « Isocay® » déjà discuté, sont présentés en 1998.
- En 2001, la méthode est présentée comme définitive avec trois cycles de quatre degrés chacun et une approche plus énergétique :

– **Le cycle fondamental** (du premier au quatrième degré, avec les « systèmes » corporels désormais utilisés dès les premières techniques), enseigné dans des écoles officielles, désignées par A. Caycedo. Ce cycle est l'essentiel de la méthode sophrologique et a été longtemps le seul enseigné. Les étapes déclinées dans les cycles suivants étaient parfois initialement présentes dès les premiers degrés de la relaxation dynamique et techniques spécifiques (appelées alors « sophronisations »). Elles étaient alors plus implicites avec une approche moins inductive et donc plus phénoménologique.
– **Le cycle « radical »** (du cinquième au huitième degré) ; enseignés auprès du fondateur de la sophrologie et de sa fille, en Andorre, en deux week-ends. Le terme « radical » désigne ici nos racines : il s'agit, lors de ce cycle, de contacter, en quelque sorte, nos origines biologiques et ce qui nous constitue en tant qu'être humain.
– **Le cycle « existentiel »** (du neuvième au douzième degrés), enseignés dans les mêmes conditions que le cycle précédent[1]. Ce dernier cycle se veut être l'aboutissement de la sophrologie orthodoxe ou caycédienne (voir « Les courants de la sophrologie », page 62).

1. Il s'agit de cours avec de nombreux participants (nous étions environ 250 dans la même salle en 2005 et 2006), d'où peu d'interactions possibles et aucune évaluation pratique : il est possible de devenir « Master spécialiste » sans avoir animé de séances, un compte rendu écrit de son propre entraînement étant sensé être suffisant. Il peut toutefois y avoir des évaluations pratiques, devant un expert, dans le « cycle fondamental » de quelques écoles.

– Les auto-stimulations sonores ne sont maintenant utilisées qu'à partir du cinquième degré. Les syllabes ont légèrement changé et sont appelées phonèmes[1] lorsqu'elles sont audibles, et « phronèmes » lorsqu'elles sont prononcées mentalement.

Critiques et synthèse

La séparation du corps et de l'esprit a été encouragée par certains concepts occidentaux philosophiques (avec Descartes notamment) et religieux (où le corps est source de péchés).

À l'inverse, le souhait de plus en plus de personnes d'être de nouveau appréhendées de manière globale, souligne l'insuffisance ou l'insatisfaction du système de prise en charge thérapeutique actuel. Ainsi, selon une étude de l'Organisation Mondiale de la Santé (2002), 75 % de la population française, 70 % au Canada et 45 % aux États-Unis, a eu recours, au moins une fois dans sa vie, à une thérapie traditionnelle ou alternative, approche définie comme « un ensemble de pratiques où les patients sont considérés dans leur globalité, au sein de leur contexte écologique ». Le public est aussi à la recherche d'une rencontre ou de rencontres sociales moins techniques, plus humaines ou humanistes, prenant en compte son individualité.

1. Il y a d'ailleurs une confusion chez A. Caycedo, peut-être due au fait qu'il ne maîtrise pas complètement notre langue et/ou qu'il soit conseillé par des francophones maîtrisant encore moins que moi la linguistique : il nomme, par exemple, l'ensemble des phonèmes « fro » comme un seul phonème (au lieu de trois), d'où notre préférence pour le terme plus juste et plus connu de syllabe.

Il est aussi à la recherche d'une autonomie et d'outils pour une meilleure gestion de soi.

Ces différents éléments font que, plus que jamais, le sophrologue est sollicité en première intention thérapeutique (sophrothérapie) ou en action complémentaire (sophropédagogie). La sophrologie est l'une des approches complémentaires à la thérapeutique médicale et l'une des alternatives aux psychothérapies (*Complementary and Alternative Medecine* ou CAM[1]).

Le praticien propose pour cela plusieurs cadres (en individuel, en séance de groupe), plusieurs approches et techniques. Certaines prouvent, de manière clinique, leur pertinence depuis de nombreuses années. Elles ont aussi montré leur innocuité et leur efficacité : c'est le cas essentiellement des premières techniques et méthodes fondamentales. En fait, seuls les quatre premiers degrés – et leurs techniques spécifiques – sont pratiqués couramment en clientèle. Les trois premiers ont été pendant de nombreuses années les seuls proposés[2].

Les protocoles et hypothèses théoriques du cycle « radical » et « existentiel » ne sont pas sans intérêt [3] mais me semblent peu applicables dans un cadre professionnel.

L'ajout régulier de nouvelles techniques et méthodes, l'obligation donnée par le fondateur de suivre auprès de lui des actualisations, la volonté d'associer son nom aux techniques,

1. Lire, par exemple, BERGHMANS ET TARQUINIO (2009).
2. Vous trouverez une présentation complète des degrés originels dans ETCHELECOU B. (2007).
3. Les relaxations dynamiques du cinquième au douzième degrés y sont associées. Leur développement sort du cadre de cet ouvrage.

de l'induire (« Isocay® ») à un niveau de conscience modifié, semblent critiquables.

Certaines techniques peuvent peut-être encourager un système de pensées magiques qui, si elles peuvent être opérantes, nous semblent s'éloigner du principe de réalité objective.

Il me semble que l'utilisation du terme « système » (du premier au cinquième) pour désigner, à un niveau de conscience modifié, les différentes régions corporelles, s'écarte du principe du schéma corporel comme réalité vécue : appeler le cou, les épaules et les membres supérieurs « deuxième système » est pratique mais ne correspond pas à la réalité intégrée lors de la construction de notre schéma corporel.

Le premier degré de la relaxation dynamique est un moyen pertinent et longuement éprouvé de vivre notre schéma corporel, dans « l'ici-et-maintenant ». Je regrette, a contrario, l'intégration dans la méthode actualisée (2005) d'une technique qui propose de ressentir « l'énergie de l'époque embryonnaire » au niveau de la peau, avec la « tridimensionnalité ». En dehors de l'aspect hypothétique ou magique de la proposition, cela ne semble pas sans risque auprès de personnes avec certaines structures psychopathologiques, même si elles ne présentent qu'une marge de la clientèle du sophrologue. Il me semble moins gênant de laisser ce type de proposition, comme auparavant, dans le « cycle radical ».

Ainsi, je le rappelle, plus que la quantité ou la nouveauté (apprentissage de plusieurs degrés, plusieurs méthodes ou disciplines), il est pour moi plus juste de privilégier la qualité (être présent, conscient aux informations toujours nouvelles d'un geste simple du premier degré, par exemple) et la répétition.

« Lorsque nous faisons une chose pour la première fois, cela intéresse le moi ; lorsque nous répétons cette même chose des dizaines de fois, cela l'ennuie ; si nous la refaisons des milliers de fois, cela le transforme. (...) Lorsque le geste est intégré, il est nécessaire d'y mettre de la conscience, de vivre pleinement l'instant présent, pour que se produise un réel enrichissement et progressivement un dévoilement de la conscience. Il s'agit de vivre ce geste comme si c'était la première fois (...) L'habituation va permettre de ne plus être fasciné par la nouveauté, elle va permettre de nous libérer de l'exécution (...) pour vivre pleinement les sensations, pour porter un regard neuf sur ce que nous sommes en train de vivre (...) Alors l'habituation (...) transforme. (...) De plus, l'entraînement régulier permet d'exercer sa volonté. Décider de se donner du temps est déjà un pas sur le chemin de la réalisation de soi. Et dans ce moment de liberté que l'on s'accorde (autre lecture de ce que certains nomment une contrainte), la conscience peut s'ouvrir, s'élargir[1]. » (B. Santerre.)

1. SANTERRE B., « A propos de l'entraînement », Actes du colloque de la Société Française de Sophrologie en 1995, *Approches expérimentales des chemins initiatiques d'Orient et d'Occident*, Les éditions Du Prieuré.

La pratique au quotidien

« La connaissance ou la foi la plus assurée est incapable de donner la force et l'habileté nécessaires à l'action (...) D'abord et avant tout les œuvres ! C'est-à-dire l'exercice, l'exercice, l'exercice ! »
(Friedrich Nietzsche, Aurore, 1881.)

Les questions auxquelles répond ce chapitre :

- En quoi consiste l'entraînement personnel ?
- Combien de temps faut-il pour apprendre la méthode ?
- Quels sont les exercices de la relaxation dynamique ?

L'entraînement personnel

Quand s'entraîner[1] ?

Idéalement les exercices de relaxation ou de sophrologie se font une ou deux fois chaque jour. Si vous êtes très occupé, vous pouvez vous limiter à un exercice tous les deux jours. Trois ou quatre exercices par semaine sont un minimum pour progresser à un bon rythme. Vous pouvez également écourter la séance. Il est cependant peu utile de s'exercer plus de deux fois par jour.

Les exercices peuvent être faits à différentes heures. Il est même conseillé d'essayer de varier l'horaire. Toutefois on ne peut effectuer un exercice convenable quand on est pressé par le temps ou fort stressé par des soucis. Concernant l'apprentissage de la relaxation, le matin au réveil n'est pas idéal si vous avez des engagements : vous risquez d'être crispé(e) ou de vous rendormir, notamment si vous choisissez de faire votre séance allongée (ce que nous déconseillons, dans la mesure du possible). Le soir, tout juste avant de s'endormir, est souvent le meilleur moment pour les personnes très occupées.

Pour les personnes qui recherchent la relaxation, les moments à conseiller sont :

- vers 14 heures : la vigilance est généralement moindre ; la relaxation constitue à ce moment une excellente pause ;
- vers 18 heures : la fatigue de la journée favorise la relaxation, mais entraîne moins facilement l'endormissement qu'au

1. D'après un texte de Jacques VAN RILLAER, professeur de psychologie. Ce descriptif concerne la relaxation dite comportementale mais reste valable pour toute méthode de relaxation utilisée régulièrement et de manière autonome.

moment du coucher ; elle peut alors favoriser une soirée plus agréable ou plus productive.

Exemple de guide d'entraînement

Il est important de prévoir non seulement un moment quotidien (planifié) mais aussi un lieu d'entraînement. Quinze minutes suffisent après la phase d'apprentissage. Ne vous attendez pas à ressentir quoi que ce soit de particulier. En fait, abandonnez toute attente. Laissez simplement votre expérience être votre expérience. Ne la jugez pas. Félicitez-vous simplement de vous être donné du temps, quel que soit le résultat.

Les deux premières semaines peuvent consister à la répétition quotidienne ou biquotidienne des trois techniques clés déjà décrites (chapitre 4), apprises au départ sous la direction d'un sophrologue : la sophronisation de base vivantielle debout (dans la modalité de votre choix), la libération des tensions inutiles debout ou assis, la sophro-présence du positif (ou la sophro-activation vitale) assis.

Après environ 12 séances personnelles de ce type, il est possible de réaliser une séance quotidienne de quinze à vingt minutes suivant le modèle ci-dessous :

- Observer et évaluer éventuellement l'état du moment (émotionnel, physique, psychologique). Une échelle visuelle analogique « stress », cotée de 1 à 10 peut être utilisée.
- Réaliser la première ou les trois premières techniques clés ;
- Faire une ou deux stimulations corporelles, de préférence debout, extraites de la relaxation dynamique du premier degré[1]. Réaliser la pause d'intégration qui doit durer au moins autant de temps qu'une stimulation. Les stimulations auront été préalablement réalisées sous la conduite d'un sophrologue ;
- S'asseoir pour la pause d'intégration pendant plusieurs respirations (au moins deux minutes) ;

1. Nous vous donnons plus loin le texte d'une séance avec toutes les stimulations. Voir également ETCHELECOU B. (2007).

- Faire une concentration sur l'objet neutre*, ceci pendant environ une minute (cinq à huit lentes respirations) lors des premières séances (durée qui peut être doublée ensuite) ;
- Dynamiser les trois capacités de base proposées par A. Caycedo : confiance en soi, harmonie, capacité d'espoir, ou mieux : les capacités de votre choix ;
- Terminer la pratique avec la désophronisation ;
- Rédiger une phéno-description de l'expérience : perception et critique de la séance (sensations, émotions, pensées..., comparées ou non au début de la séance). L'échelle visuelle analogique peut être cotée et cette évaluation comparée avec le début de la séance. Il est intéressant d'utiliser un tableau d'auto-observation quotidien[1].

Cette séance n'est qu'une proposition, notamment pour les personnes ne connaissant « que » le premier degré. Il est par exemple possible de réduire la séance aux étapes 2 et 7, ceci en dix minutes, voire moins.

Que faire face aux idées parasites durant la pratique[2] ?

Des idées intrusives ou parasites apparaissent inévitablement. Il est généralement inefficace de vouloir les chasser à tout prix. Lorsqu'elles surgissent, la stratégie généralement la plus efficace consiste à réorienter l'attention vers les informations ou sensations corporelles, la respiration... plutôt que de vouloir à tout prix chasser ces idées ou « faire le vide[3] ». Il importe

1. Des exemples en sont donnés dans Chéné, 2003. Un simple tableau en deux ou trois colonnes peut être utilisé : la première pour la date (éventuellement complétée de la durée), la seconde pour les phénomènes, une autre peut préciser la technique utilisée.
2. D'après un texte de Jacques VAN RILLAER, *op. cit.*
3. Il est toutefois possible de stopper le « Moi jacasseur », pour reprendre l'expression de J. DONNARS.

également d'accepter d'être ainsi relativement perturbé plutôt que de s'énerver.

Une attitude fondamentale pour bien se relaxer est de « laisser-être », « laisser-aller », « laisser-passer », « laisser venir ». Après plusieurs semaines de pratique, les idées intrusives deviennent moins fréquentes et importantes. La concentration s'améliore considérablement.

La conscience est toujours dirigée vers quelque chose. On ne peut donc pas « ne pas penser » ou « faire le vide ». Mais nous pouvons décider de diriger notre conscience vers l'objet (au sens large) que nous choisissons. L'attitude naturelle ou primaire de notre conscience (Husserl) est d'attribuer à notre insu un sens aux objets au regard de nos connaissances. Le propos de la sophrologie – s'appuyant en cela sur la phénoménologie – est de découvrir notre conscience (ses dimensions psychiques, somatiques...) dans une attitude neutre, comme si c'était la première fois.

L'apprentissage[1]

Durée des séances et progression de l'apprentissage

- Les premières séances seront longues : environ une demi-heure chaque jour (quinze premiers jours).
- Les séances personnelles devront progressivement être écourtées à vingt minutes (séances 16 à 30, par exemple) puis dix minutes (à partir de la trentième séance). Mais des séances d'environ trente minutes (ou plus) seront pratiquées régulièrement, par exemple une fois par mois.

1. Voir note 2 page 130.

- À ce stade de l'apprentissage, il est intéressant de programmer des « mini-relaxations » ou « relaxations-minute », réalisées dans des situations déterminées, en plus des séances de dix minutes. Par exemple, à chaque attente (feu rouge, ascenseur, file...), avant de mettre la voiture en route, chaque fois qu'on se met à table ou au travail ; chaque fois que le téléphone sonne ou qu'on se rend aux toilettes, etc. Attention ! Il ne suffit pas d'avoir l'intention : il faut « programmer » concrètement, se fixer des objectifs progressifs (tant de relaxations-minute dans la journée...). Luc Audouin, propose cette simple formule qui résume ce point : « Attente = Détente » !
- La dernière étape consiste à diminuer la tension face à des situations stressantes. Cette étape est la plus difficile et nécessite un entraînement préalable important pour être efficace (deux mois à raison d'une séance quotidienne semble un minimum).

Durée de l'apprentissage

Au cours de l'apprentissage, il est capital d'éviter toute hâte et tout perfectionnisme : il importe de répéter les exercices, de les répéter encore, et de ne pas chercher d'emblée à réaliser de bonnes « performances ». Les premiers exercices doivent se faire lentement.

Chez la plupart des personnes, la capacité de se relaxer vite et bien ne se développe que pas à pas. Comme d'autres habiletés psychomotrices (écrire, nager, rouler à vélo), elle résulte d'un apprentissage progressif.

Ainsi, répondre à la question de la durée nécessaire est difficile : combien de temps avez-vous mis pour apprendre à nager, pour prendre cet exemple ? Considérez-vous que vous n'avez plus rien à apprendre en natation ?

Il peut être proposé un cycle de dix séances , à raison d'une par semaine avec le sophrologue, complétées de trois entraînements personnels (c'est-à-dire, au final, quatre jours différents dans la même semaine). Il faut donc compter environ deux mois (ou une cinquantaine de séances personnelles) pour acquérir les bases suffisantes à un training autonome.

Plus l'on s'entraîne, plus il est rapide et efficace de se « relaxer », et plus on peut facilement appliquer cet entraînement aux situations quotidiennes (loi dite de la « répétition vivantielle »*).

Les trois paliers de la sophrologie

1. La *découverte*, la prise de conscience des techniques et/ou de nos fonctionnements ;
2. La *conquête*, avec la maîtrise des techniques, des changements de perceptions, des expérimentations volontaires et ponctuelles dans le quotidien ;
3. La *transformation* de la « conscience », avec l'intégration des changements et les applications plus naturelles, une nouvelle façon d'être dans la vie quotidienne, en congruence avec nos valeurs* existentielles.

Texte d'une séance de relaxation dynamique du 1er degré[1]

« Vivance du corps », d'après le protocole actualisé, par les cinq régions corporelles

Il ne s'agit que d'un exemple didactique avec un *terpnos logos** explicatif. Cette séance peut correspondre à une proposition dans un travail en groupe après un mois d'apprentissage progressif. Des temps de silence sont figurés par les points de suspensions. Ils ne sont pas tous de même durée.

Pour chaque région corporelle – repérée de *[1]* à *[5]* – deux stimulations sont proposées avant la pause d'intégration : il est possible de n'en faire qu'une seule. Il est également possible de ne pas stimuler toutes les régions corporelles, mais il est conseillé de conserver la stimulation pour la globalité du corps, le début (avant le repère *[1]* du texte ci-dessous) et la fin (après le *[5]*) du protocole.

« Vous vous placez **debout**, d'aplomb sur les pieds. Vous prenez conscience de votre environnement, la place dont vous disposez...

« Les yeux ouverts, vous portez votre attention sur la respiration, vous observez comment elle s'effectue... Conscience des mouvements, de toutes les sensations de la respiration...

« À tout moment, vous prenez la liberté d'adapter les propositions... Si vous le décidez, **vous fermez les yeux**. Vous vous centrez davantage sur vous-même, dans l'accueil de toutes les sensations...

« **Lecture du corps** : vous goûtez les sensations au niveau de la tête, du visage. (À tout moment, vous pouvez bouger, changer de position)...

« Vous accueillez les sensations du cou, de la nuque, des épaules ; des membres supérieurs jusqu'au bout des doigts...

1. Au fil des séances, le *terpnos logos** devient plus épuré, avec l'utilisation de phrases nominales, de moins ou pas de description des stimulations, au profit de plus de silence. Des éléments- par ex. ceux entre parenthèses - sont supprimés. Chaque séance est adaptée au(x) sophronisant(s).

«Accueil des sensations du thorax : la poitrine, les côtés, le dos. Les sensations superficielles, les sensations profondes...

« La région lombaire, les flancs, la région abdominale. Vous constatez les mouvements de la paroi abdominale... Conscience de la respiration...

« Vous prenez conscience du bas du corps : les muscles fessiers, ceux du périnée, les organes sexuels. Les membres inférieurs jusqu'aux orteils...

« Conscience des contacts, des appuis au sol, de l'équilibre. Conscience de la verticalité...

« Inspiration... rétention, légère contraction de tout le corps... Expiration, relâchement. Vous prenez conscience de l'unité corporelle. Vous vivez votre corps dans toute sa réalité...

« Dans ce moment, vous repérez votre **niveau de conscience**... Présence à vous-même, dans l'instant. Vous vous intéressez à tout ce que vous êtes en train de vivre...

[Optionnel : technique de libération des tensions inutiles adaptées sà partir de l'exemple donné pages 99 et 100, suivie de la « sophro-présence du positif » selon le texte page 100 ou la « sophro-activation vitale », pages 102 et 103, techniques qui auront été préalablement expérimentées.]

[1] « Vous placez une main sur le front, l'autre à l'arrière de la tête. Conscience de la forme, de toutes les sensations de la tête et du visage... Bras le long du corps. Vous continuez de renforcer votre schéma corporel avec les stimulations...

« **Mouvements de la tête :** en respiration libre, vous tournez la tête d'un côté, de l'autre, (en douceur). (Sensations)... Mouvements de flexion-extension... Des rotations dans un sens... dans l'autre...

« **Première stimulation respiratoire :** vous bouchez le nez avec les pouces, inspiration par la bouche, rétention de l'air, (vous pouvez gonfler les joues), vous vous penchez légèrement en avant... Quand vous le décidez, expiration forte, énergique). Accueil des sensations. Vous vous redressez doucement. À votre rythme, vous recommencez une ou deux fois (la stimulation)...

« **Pause d'intégration, assis dans une posture tonique**... Vous accueillez toutes les sensations de la tête et du visage. Les sensations au niveau de la peau, les autres sensations... Vous enrichissez votre vécu, (votre vivance). Vous prenez conscience de votre schéma corporel dans toute sa réalité. Présence à vous-même... *[Optionnel à la fin de chaque pause d'intégration et de totalisation : technique de "vivance phronique" - "viphi"ou la "sophro-présence du positif" - à partir des exemples du chapitre précédent. Si une ou plusieurs personnes sont assises, le sophrologue anime le changement de position pour continuer debout.]*

[2] « Sur plusieurs respirations, vous augmentez légèrement votre tonus... Doucement, vous vous placez debout ; vous prenez conscience de l'unité de votre corps... [ou variante avec l'idée de globalité.]

« Vous placez les pouces sur l'avant du cou, les autres doigts sur la nuque, coudes écartés. Accueil des sensations du cou, des épaules, des membres supérieurs... Relâchement, bras le long du corps.

« **Stimulation de la partie antérieure du cou** : vous tirez les coins de la bouche en bas, en arrière, vous contractez tout le devant du cou...

« **Stimulation des épaules (et des membres supérieurs)** : inspiration, rétention (de l'air), (tête légèrement inclinée) (vers l'avant). Vous secouez les épaules (de haut en bas, de bas en haut, plus ou moins fortement, selon votre désir)... Expiration (forte par le nez, vous relâchez). Vous recommencez une ou deux fois, à votre convenance...

« **Pause d'intégration...** Accueil des sensations des lieux du corps stimulés, les sensations au niveau de la peau, les autres sensations...*[voir pause d'intégration précédente.]*

[3] « Vous activez votre tonus, sur quelques respirations... Vous vous mettez debout... Conscience de tout votre corps... *[ou variante.]*

« Vous placez les mains sur la région sacrée, vous tirez légèrement les coudes vers l'arrière, pour stimuler le haut du dos. Accueil des sensations... Vous placez maintenant un poing fermé sur le sternum, l'autre main enveloppant le poing. Vous exercez une légère pression pour activer la présence du thorax... Vous relâchez...

« **Stimulation respiratoire** : (vous placez les) poings l'un contre l'autre, (devant la poitrine). Expiration : vous appuyez... Inspiration :

vous écartez les bras, vous gonflez le thorax... Expiration : vous ramenez les poings (l'un contre l'autre)... Vous renouvelez la stimulation une ou deux autres fois...

« **Rotations des membres supérieurs** : (vous tendez) un bras à l'horizontale (devant vous), poing fermé. Inspiration, rétention, vous tournez le bras... sur une expiration : projection du poing (devant vous). Vous maintenez quelques instants (en respiration libre ; conscience du schéma corporel dans cette attitude)... Vous rabaissez... (Stimulation) de l'autre côté... (Expiration, bras tendu quelques instants. Conscience du schéma corporel... Vous rabaissez. Sensations...) Les deux membres supérieurs (en même temps) (: bras tendus, poings fermés, inspiration, rétention, vous tournez... Expiration forte par le nez, vous maintenez quelques instants). Vous relâchez...

« **Pause d'intégration** *[idem]*

[4] « Vous vous préparez à vous mettre debout.. En pleine conscience, vous changez de position. Vous vivez l'unité corporelle... *[ou variante]*

« Vous placez une main sur l'abdomen, (au-dessus de l'ombilic), l'autre au niveau lombaire. Vous prenez conscience de la distance entre les mains, de la forme, des mouvements...

«**Stimulation abdominale** : Inspiration, rétention de l'air, vous amenez les bras à l'horizontale (devant vous, paumes tournées vers l'avant,) doigts en griffes, vous contractez les abdominaux. Expiration : vous amenez les mains vers l'abdomen... Fin d'expiration, vous relâchez. Vous recommencez une ou deux fois *[le praticien décrit ou non les stimulations].*

« **Stimulation énergique du diaphragme** : vous placez une main sur l'abdomen, l'autre au niveau lombaire. Vous gonflez le ventre à l'inspiration, vous le rentrez à l'expiration... Tête en extension... Tête en flexion... Tête droite... « **Pause d'intégration** *[idem]*

[5] « (Inspiration... rétention, légère contraction de tout le corps... Expiration, relâchement). Vous vivez votre corps dans son unité, dans toute sa réalité... *[ou variante]*

« Vous placez une main sur le bas-ventre, l'autre au niveau du sacrum. Vous prenez conscience de la distance entre les mains, la forme du bassin... Relâchement.

« **Rotations axiales** : en respiration libre, à partir du bassin, vous tournez le corps, d'un côté, de l'autre, (bras souples, relâchés)... Conscience du mouvement, de toutes les sensations... Vous relâchez, vous laissez le corps retrouver sa position de départ...

« **Stimulation des membres inférieurs :** en respiration libre, souplement, vous levez un talon puis l'autre, comme pour une marche sur place. Progressivement, vous accélérez les mouvements... Stimulation dynamique des membres inférieurs... Vous ralentissez... Vous cessez...

[Variante (ancienne stimulation) : « Inspiration, rétention de l'air, contraction de tous les muscles du corps... Expiration, vous relâchez ; en même temps, vous commencez à sautiller sur place, très souplement...Un peu plus vite... (Vous ralentissez. Vous cessez...) ».]
« **Pause d'intégration** *[idem]*

[Globalité] Vous augmentez votre tonus sur plusieurs respirations, vous vous préparez à vous mettre debout... Attentif(ve) aux changements, vous changez de position... Vous accueillez toutes les sensations, du sommet de la tête, jusqu'aux doigts, jusqu'aux orteils... Conscience de l'unité corporelle dans la verticalité... Pour renforcer la présence de tout le corps :

« **Stimulation des hémicorps** : (vous repérez les appuis au sol, l'équilibre). En respiration libre, vous passez le poids du corps sur un pied ; du côté de l'appui, vous tendez le bras à la verticale ; vous tirez vers le haut (avec la main), vous poussez vers le bas (au niveau de l'appui). Conscience du schéma corporel. Quand vous le décidez, vous rabaissez le bras (en pleine conscience). Une ou deux autres fois... Équilibre sur les pieds. Stimulation de l'autre côté, le même nombre de fois, à votre rythme... Équilibre. Les deux côtés en même temps...

« **Pause de totalisation** : vous repérez votre chaise, vous vous asseyez (dans une posture tonique). Vous prenez conscience de la nouvelle position, (de votre corps en position assise). Vous goûtez les sensations de tout le corps... Les contacts, les appuis. La respiration, les mouvements... Les sensations au niveau de la peau, les sensations profondes... Présence de tout le corps dans la conscience. Intégration de toute l'expérience. Vous goûtez l'instant... *[optionnel :*

> *technique de « vivance phronique » - « viphi » ou « sophro-présence du positif »]*
>
> « Dans ce moment de présence à vous-même, vous vous entraînez à la **concentration** : vous amenez à la conscience un objet quelconque, neutre ; (par exemple un objet de la nature). Pendant quelques instants ; vous le maintenez présent *[silence de une à deux minutes]*... Vous cessez la concentration, vous faites disparaître l'objet... Vous continuez d'accueillir toutes les sensations. Présence à vous-même...
>
> « Maintenant, sur chaque respiration, vous dynamisez la confiance en soi, l'harmonie (du corps, de l'esprit), la capacité d'espoir (en de projets positifs), ou toutes autres capacités de votre choix...
>
> « Doucement, **vous vous préparez à terminer** l'expérience... Pour cela, (quand vous le décidez[1]), (vous pratiquez la désophronisation) *[voir exemple de texte de désophronisation page 96]. »*

Le temps d'échange qui suit la pratique reste essentiel.

Synthèse

Nous l'avons plusieurs fois souligné, la découverte de la sophrologie passe avant tout par l'expérience, par ce que les sophrologues désignent par la *vivance*. L'apprentissage des techniques ou méthodes suit une progression adaptée à chacun, sous la conduite, dans un premier temps, d'un sophrologue. L'objectif, finalement, est l'acquisition d'une autonomie permettant l'entraînement personnel et l'indépendance à tout support extérieur : sophrologue, enregistrement audio, environnement paisible, autant de « béquilles » desquelles le sophronisant peut se libérer.

1. Si non débutant.

Carnet pratique

« Idéalement, nous sommes ce que nous pensons.
Dans la réalité, nous sommes ce que nous réalisons. »
A. Senna (1960-1994).

Les questions auxquelles répond ce chapitre :

- Comment choisir et trouver un sophrologue ?
- Comment devient-on sophrologue ?
- Quels ouvrages lire pour aller plus loin ?
- Quelles sont les adresses utiles ?
- Quels sites sont utiles à consulter ?

Comment choisir un sophrologue ?

C'est une question qu'on nous pose régulièrement. S'il n'y a pas de réponse définitive, je vous propose les quelques pistes suivantes.

– Il est d'abord prudent de s'assurer qu'il s'agit d'un professionnel ayant validé une formation suffisante, diplômé d'un institut de sophrologie connu et reconnu publiquement. Ces centres de formations disposent de leur propre annuaire qui peut souvent être consulté sur Internet. Notez que certaines personnes s'installent sans qu'elles aient validé la totalité de leur formation.

- En lien avec ce qui vient d'être dit, n'hésitez pas à demander à voir le(s) diplôme(s) du sophrologue. Rappelons qu'il n'existe pas encore de diplôme d'État en sophrologie, même si des titres privés sont déposés comme marques commerciales.
- Les critères posés par le syndicat des sophrologues professionnels restent faibles à nos yeux mais doivent être un minimum. Les formations par correspondance n'y sont bien sûr pas considérées comme suffisantes. L'adhésion à ce syndicat n'est qu'une garantie minimale avec un engagement déontologique[1]. Vérifiez donc que le sophrologue s'est engagé à respecter un code de déontologie inhérent à sa pratique, celui du syndicat cité ou un autre.
- Assurez-vous de la légalité de l'activité du sophrologue par son immatriculation professionnelle (numéro SIRET) ou celle de la structure qui l'emploie.
- Ne vous laissez pas impressionner par les désignations de certaines structures du genre « Fédération (...) de sophrologie » qui ne « fédèrent » finalement le plus souvent qu'une ou deux écoles.
- Vous pouvez également demander conseil à votre médecin ou aux professionnels du secteur paramédical (kinésithérapeute, sage-femme, etc.) que vous connaissez.
- La sophrologie se pratique le plus souvent debout ou assis, dans une tenue habituelle, c'est-à-dire, dans des situations

1. Le syndicat dispose d'un annuaire en ligne : www.syndicatsophrologues.fr. Les critères de formations y sont également consultables.

proches du quotidien. Si l'on vous accueille dans un environnement exotique, avec musique douce, encens, si le sophrologue est habillé à l'orientale et vous propose uniquement des séances allongées, ou s'il vous propose un « travail » sur votre inconscient (ou « subconscient ») sans être psychologue clinicien ni psychanalyste, ou/et avec une approche symbolique, ou encore s'il associe sophrologie à l'astrologie, la voyance, les « chakras », etc., vous avez affaire à une proposition qui n'est pas celle décrite dans cet ouvrage.

– De même, méfiez-vous des publicités alléchantes qui promettent de vous faire perdre des kilos en dix séances, d'éliminer vos problèmes « psychosomatiques », vos maux de tête, etc. Il s'agit autant de publicités mensongères que d'exercices illégaux de la médecine.
– Le sophrologue doit avoir intégré la méthode et proposer des séances qui respectent les principes fondamentaux de la sophrologie (page 36).

Pour rappel, ces principes sont essentiellement :

- le **schéma corporel comme réalité vécue** (avec l'activation des sensations corporelles, le sentiment de la globalité du corps) ;
- l'**action positive** (avec interaction du corps et du mental) ;
- la **réalité objective** (limites du sophrologue) et l'**adaptation** (limites et réalité présentes du sophronisant ; progression des séances dans un objectif d'autonomie) ;
- l'**alliance** dans une relation respectueuse et une attitude permissive.

Finalement, je trouve les propos de Gregorio Manzur[1] transposables à notre sujet, en précisant que chacun de nous est son propre « maître » :

> « On trouve son maître quand on est prêt à être disciple. Or, notre maître ordinaire, c'est l'égo. L'égo n'a pas envie de changer ses habitudes, il n'a pas envie d'être bousculé. Tant que c'est lui qui est aux commandes, c'est lui qui choisit son enseignant. (...) Chacun de nous possède l'intuition qui va guider son choix en profondeur. Il ne faudrait pas partir d'une exigence 'extérieure', celle qui nous conduirait à rechercher l'enseignement le plus 'côté' ou bien le plus en vogue, mais plutôt expérimenter avec son corps et son esprit, quitte à changer plusieurs fois de cours. Je dirais qu'un enseignant de qualité est celui qui, dans sa vie, dans ses relations aux autres, met en pratique les valeurs qu'il transmet. »

Vous trouverez en fin de chapitre des liens Internet utiles pour trouver un sophrologue.

La formation du sophrologue

Il n'existe pas, dans la majorité des cas, de prérequis en terme de diplôme ou formation pour exercer en sophropédagogie pour la plupart des instituts de formation, si ce n'est qu'un niveau Bac est souvent demandé. Une expérience personnelle en sophrologie nous semble toutefois nécessaire.

– Nous vous déconseillons une formation par correspondance : on peut y acquérir des savoirs (théoriques) mais pas ce type de savoir-faire. Ces formations ne sont d'ailleurs pas reconnues

1. MANZUR G., *Les mouvements du silence,* 2005. L'auteur pratique le taichi chuan.

par le Syndicat National des Sophrologues, ni par le Syndicat des Sophrologues Professionnels.

– Pour les mêmes raisons, assurez-vous que l'accent soit mis sur la pratique qui ne doit pas se limiter à des séances de relaxation-détente et de visualisations. Ces séances doivent présenter une dominante de relaxations dynamiques de Caycedo. Pour la première année, une séance quotidienne d'une heure d'entraînement lors des regroupement me semble ainsi le minimum nécessaire en plus de séances plus courtes aux techniques spécifiques.
– Choisissez les écoles qui vous donnent des informations claires et complètes : programmes, objectifs, critères de recrutement, horaires, nombre et qualité des formateurs, moyens pédagogiques, coût horaire, évaluations.
– Comparez les prix par rapport au nombre réel d'heures de formation en centre (tarif horaire).
– Privilégiez les organismes faisant intervenir plusieurs sophrologues-formateurs et dans lesquels les évaluations pratiques (animations contrôlées *in situ*, critiquées...) sont obligatoires (et non « conseillées » ou optionnelles !) et où il existe un stage de mise en pratique d'au moins dix séances (le futur sophrologue est mis en situation professionnelle en animant des séances bénévoles en dehors du lieu de formation, tout en bénéficiant d'une évaluation et d'une convention de stage).
– 250 heures (auxquelles s'ajoutent l'entraînement et le travail personnel régulier) nous semblent le minimum requis pour avoir les bases nécessaires à l'animation mais un total d'au moins 400 heures de formation (sur deux à trois ans) est

nécessaire pour devenir un professionnel averti. Ces heures correspondent à des heures de formation à la sophrologie ou apports explicatifs et intégrateurs, non à d'autres approches qui peuvent être complémentaires (diététique, P.N.L., analyse transactionnelle, etc.). Ces éléments quantitatifs sont à ajouter aux critères qualitatifs permettant aux participants de devenir compétents et congruents avec la méthode et ses valeurs.

– Vérifiez que vous serez formé à l'animation au moins des quatre premiers degrés de la relaxation dynamique de Caycedo® (RD* ou RDC*) et techniques spécifiques décrites dans cet ouvrage : l'absence de ces précisions renvoient à une formation qui ne correspond pas à la « sophrologie » décrite ici. Sachez toutefois que le fait d'être une « école déléguée » du fondateur de la sophrologie (Fondation Alfonso Caycedo) n'est pas, selon nous, un critère suffisant.
– Vérifiez qu'il existe un « service après formation », qu'on puisse vous conseiller ou orienter...
– Soyez méfiant vis-à-vis des écoles proposant une multitude de formations (dans d'autres domaines que la sophrologie) : privilégiez les écoles spécialisées qui n'enseignent que la sophrologie et qui sont affiliées à des organisations professionnelles.
– De même, notez que plusieurs écoles sont créées chaque année, seules les plus sérieuses résistent aux années. Il peut être prudent de privilégier un organisme de formation enregistré à la Préfecture en tant que tel (reconnaissance des institutions publiques) depuis plusieurs années, n'hésitez pas à en demander une preuve écrite si ce n'est pas indiqué par écrit sur la documentation.

Le C.A.R.E.S.

Le Comité d'Action et de Régulation des Enseignements en Sophrologie est né en 2010 pour organiser les États Généraux de la Formation (E.G.F.) en Sophrologie[1], conseiller et accompagner les écoles qui le souhaitent dans l'organisation de l'enseignement de la sophrologie, élaborer une charte de bonne conduite et poursuivre la réflexion sur les enseignement et les formations afin d'en améliorer l'efficacité.

Le C.A.R.E.S. rassemble aujourd'hui trois structures représentatives de la profession : le Syndicat des Sophrologues Professionnels, la Société Française de Sophrologie et la Coordination des Écoles Professionnelles en Sophrologie.

Il ne s'agit pas pour autant ici de légiférer sur le métier ou rechercher l'obtention d'un diplôme d'État. Les certifications professionnelles « officielles »[2], les démarches « qualité », sont certes rassurantes et utiles mais ne mesurent finalement que les moyens utilisés. Elles ne sont aucunement garantes de la manière d'être du praticien, de sa maîtrise des concepts et méthodes ou de la pertinence de la sophrologie pour telle ou telle application.

Pour finir, indiquons que si la sophrologie manque de validations scientifiques, quelques universités s'associent à des

1. Sur environ 70 écoles françaises contactées, 38 ont participé aux deuxièmes E.G.F en 2010, mais toutes ne répondent pas encore aux critères recommandés d'au moins 300 heures de formation en centre (hors travail à distance) sur deux ans.

2. L'inscription au Répertoire National des Certifications Professionnelles.

sophrologues dans des travaux d'études et recherches. Citons quatre exemples :

- la convention de coopération entre l'Institut Européen de Sophrologie du Travail du Luxembourg et le département de psychologie de la santé de l'Université de Metz ;
- l'Attestation Universitaire d'Études Complémentaires suivie du Diplôme Universitaire (D.U.) d'Études Complémentaires en sophrologie délivrée par l'Université de Lille 2 ;
- le D.U. « Synthèse des techniques de relaxation et sophrologie » à l'Université J. Monnet de St-Etienne ;
- le Certificat d'Etudes Universitaires de Sophrologie à la faculté de médecine de Marseille avec un D.U. prévu par la suite.

Dans la même optique, le Groupe d'Epistémologie de la Sophrologie – G.E.S. - a vu jour en 2009. Le projet de cette association est notamment de mettre en contact des sophrologues de terrain et des chercheurs extérieurs pour une évaluation plus objective et visible de la méthode.

Si le sophrologue ne doit pas être qu'un bon théoricien avec peu de pratique personnelle, une démarche universitaire peu lui donner plus de crédibilité.

Liens Internet

En septembre 2010, près de 31 000 sites Internet ont le mot *sophrologie* dans leur titre. Autant dire qu'il y a un peu de tout et que nous ne pouvons pas être exhaustif.

- Portail-sophrologie.net : nouveau site proposant notamment une sélection de liens Internet et une bibliographie exhaustive.

- Sophrologie-formations.com : l'Institut de Sophrologie de Rennes, dirigé par l'auteur, propose des formations qualifiantes et des stages de spécialisations pour sophrologues. Lieu dit La Migorais, 35480 Messac.
- Ecole-formation-sophrologie.fr : l'école Française de Sophrologie de Montpellier (34), dirigée par Norbert CASSINI.
- Ecoles.sophrologues.fr : la Coordination des Écoles Professionnelles en Sophrologie® – C.E.P.S. - regroupant un partenariat d'écoles.
- Annuaire.sophrologues.fr : annuaire de sophrologues dont les diplômes sont vérifiés, avec une recherche par département.
- Sophrologie-recherche.com : Groupe d'Epistémologie de la Sophrologie, pour la reconnaissance de la sophrologie comme science humaine.
- Sophrologie-caycedienne.com : le site d'Alfonso Caycedo, avec la liste des écoles dévouées et validées par le fondateur de la sophrologie.
- Sophrologie-francaise.com : s'il lui a parfois été reproché d'être constituée essentiellement par des psychothérapeutes d'inspiration psychanalytique, la Société Française de Sophrologie, créée en 1966, reste une référence importante. Elle propose des stages pour sophrologues, des congrès ouverts à tous, des publications, etc.
- Syndicat-sophrologues.fr : le Syndicat des Sophrologues Professionnels, ouverts aux principaux courants de sophrologie français et privilégiant la sophrologie sociale, préventive et pédagogique, devient une référence professionnelle importante.

- Sophro.com : le Syndicat National des Sophrologues, limité aux sophrologues caycédiens®, adhérents à la Fondation Alfonso Caycedo®.
- Sophrologie-info.com : le site de l'auteur avec un forum de discussion qui peut être un prolongement à ce livre.

Pistes de lecture

Initiation, découverte

AUDOUIN L., *La sophrologie,* Les Essentiels Milan, poche, 2002.

CHÉNÉ P-A, *Initiation à la Sophrologie Caycédienne*, Praxis Ellébore, 2003.

KLEIN C., *Sophrologie pratique, exercices pour tous les jours*, Poche, Jouvence, 2006.

LOUSSOUARN T., *Transformez-vous par la sophrologie*, Dangles, 1990.

Approfondissement, perfectionnement

CHÉNÉ P.-A., *Sophrologie, fondements et méthodologie*, Ellébore, 2003.

CHÉNÉ P.-A. et coll., *Sophrologie, Champs d'application*, Ellébore, 1999.

ESPOSITO R. (Dir°), AUBERT D., SANTERRE B., GAUTIER P., *Sophrologie, lexique des concepts, techniques et champs d'application*, Elsevier Masson, 2010.

ETCHELECOU B., *La sophrologie, comprendre et pratiquer*, InterÉditions, 2007.

ETCHELECOU B. (Dir°), *9 cas pratiques en sophrologie*, InterÉditions, 2010.

ETÉVENON P., SANTERRE B., *États de conscience, sophologie et yoga*, Tchou, 2006.

Lectures complémentaires

BIOY A., MAQUET A., *Se former à la relation d'aide*, Dunod, 2007.

BERGHMANS C, TARQUINIO C, *Comprendre et pratiquer les nouvelles psychothérapies. Cohérence cardiaque, relaxation, méditation, hypnose, EMDR, Taï-chi-chuan, Qi gong*, Dunod, 2009.

ESPOSITO R., *Mais qu'est-ce que la phénoménologie ? Selon Husserl*, ISR[1], 2000.

SANTERRE H., *Mais qu'est-ce que le langage ? À propos du terpnos logos*, ISR, 1998.

En guise de conclusion

Nous l'avons vu, la sophrologie est à la fois une synthèse des principales approches psychocorporelles et une démarche originale qui s'inscrit dans une conception humaniste de l'être humain. Ses applications sont multiples, ses moyens sont nombreux, ses formes variées et nous avons tenté d'en dresser un tableau permettant de mieux l'appréhender.

La sophrologie est encore jeune à l'échelle des sciences humaines. Si son fondateur privilégie une approche empirique

1. Les éditions ISR sont distribuée par l'Institut de Sophrologie de Rennes.

et phénoménologique, des travaux d'études et de recherches complémentaires lui donneront plus de crédibilité.

Pour cela, la formation du sophrologue doit concilier la mise en situation et l'expérience personnelle, avec l'évaluation des compétences acquises dans un cadre à la fois rigoureux, formel et adapté à l'exigence du terrain.

La sophrologie ne doit pas en effet s'éloigner d'un de ses principaux objectifs : donner des outils concrets et faciles à utiliser pour rendre la vie de nos contemporains plus sereine.

La sophrologie est assurément un formidable outil et si elle n'est pas une panacée, ce n'est pas par hasard qu'elle séduit chaque jour davantage de personnes ou d'institutions.

Nous espérons que les découvertes au fil des pages vous ont donné, à vous aussi, l'élan pour vous lancer dans l'expérience et vous ouvrir à de nouveaux possibles.

Extraits[1] du Code de déontologie du Syndicat des sophrologues professionnels

(...)

Conditions d'exercice professionnel – législation

Le sophrologue peut exercer son activité :

- Soit comme une profession à part entière
- Soit comme une méthode complémentaire s'intégrant de plein fait dans sa profession ou sa spécialité de médecin, sage-femme, infirmier, kinésithérapeute, enseignant, entraîneur sportif...

☞

1. Le code de déontologie complet et actualisé est sur syndicat-sophrologues.fr

- Soit en plus d'une autre activité professionnelle

Le Sophrologue dispense des séances individuelles, des entraînements de groupe en clientèle privée ou au sein d'entreprises et d'institutions.

Il utilise et adapte la sophrologie en vue d'une application spécifique dans le champ de ses compétences.

Le Sophrologue a le choix pour exercer son activité entre les différents statuts juridiques d'exercice professionnel (EURL, libéral, association, micro entreprise, société...)

Pour l'exercice légal de son activité, il incombe au Sophrologue d'établir toutes les déclarations nécessaires auprès des organismes publics. Il s'engage à respecter la législation en vigueur.

Éthique

Le Sophrologue s'engage à respecter les cadres et principes généraux de la méthode.

Il respecte les valeurs que défend la Sophrologie : responsabilité, tolérance, respect de la liberté individuelle et de la dignité humaine, tant envers ses clients qu'envers ses confrères.

Il exerce son activité sans aucune discrimination d'âge, de sexe, de race, de religion ou d'appartenance politique.

Confidentialité

Le Sophrologue est tenu au respect absolu du secret professionnel envers ses clients, de manière à assurer la protection du cadre d'exercice professionnel.

Dans la conduite des groupes, il informera les participants de l'extension du secret professionnel à chacun d'eux.

Le secret professionnel ne pourra être levé que dans le cadre des dispositions prévues par la loi.

Responsabilité – compétence

☞

Le Sophrologue a acquis au cours de sa formation les cadres méthodologiques, théoriques, techniques et pratiques propres à la méthode au travers desquels il se définit professionnellement.

Il s'engage à respecter les cadres et limites de ses compétences, à informer et justifier de celles-ci auprès de ses clients.

Le Sophrologue ne concurrence pas les professionnels de la santé. Il ne pose pas de diagnostic, n'influence pas les choix thérapeutiques de ses clients et n'interfère pas dans les traitements en cours.

Il dirige sur un thérapeute compétent et dûment qualifié le client qui nécessite une aide qui ne relève pas de ses compétences.

Il assure avec discrétion et compétence son rôle d'auxiliaire de la santé avec les autres professionnels.

En cas de co-animation ou de sous-traitance, il s'assure de la compétence de ses collaborateurs et assume la pleine responsabilité de leurs interventions.

(...)

Image de marque

Le Sophrologue s'engage, à travers ses actions, ses propos, son comportement en général, à donner une image respectueuse et valorisante de sa profession.

Publicité

Le Sophrologue est libre et responsable d'établir sa publicité et son information, compte tenu de la législation en vigueur.

Toute publicité mensongère est strictement interdite et répréhensible (promesses irréalistes, usurpation de compétences...)

(...)

Glossaire

Activation intra-sophronique (A.I.S.) : Activation positive au niveau sophroliminal*, ou au niveau de la conscience Isocay®*, entre la sophronisation de base* et la désophronisation*.

Alliance sophronique : Relation spécifique entre le *sophrologue** et le(s) *sophronisant*(s)* dans laquelle le sophrologue renonce à un caractère directif, impératif au profit d'un échange respectueux de personne à personne et selon le principe de réalité objective.

Analyse vivantielle : Voir *Sophro-analyse vivantielle**.

Attention sélective : Sélection d'informations pertinentes et inhibition de celles qui ne le sont pas.

Axiologie : Science des valeurs morales. En sophrologie, elle désigne l'étude des valeurs* existentielles.

Capacités de la conscience sophronique : Ce sont des structures universelles (les contenants) de la conscience humaine. Exemples : sensation, perception, émotion, schéma corporel, sexualité, concentration, intelligence, mémoire, apprentissage, volonté, sociabilité. (Voir *Contenus** et *Relaxation dynamique**.)

Concentration sur l'objet : Voir *Objet neutre**.

Congruence ou authenticité : Indique notamment une correspondance exacte entre l'expérience et la prise de conscience, entre ce qui est vécu et exprimé, entre les cognitions et les comportements.

Conscience (en sophrologie) : La force d'intégration de tous les processus de l'existence : physiques, psychiques, émotionnels, spirituels. La dimension corporelle y est donc incluse.

Conscience Isocay® : Niveau de conscience figuré au-dessus du *niveau sophroliminal** (voir chapitre sur la conscience, page 27). « En un premier temps, le Pr. Caycedo pensa que l'entraînement sophrologique se réalisait dans le Niveau Sophro-Liminal. Mais après de nombreuses années de recherche phénoménologique et existentielle il découvrit que l'entraînement se réalisait dans un niveau spécial de la *conscience vigile* où se trouvent les structures de plus grande intégration de l'être, responsables de la liberté, la clarté, la créativité et l'harmonie de la conscience » (A. Caycedo, 2001). Voir *Isocay®* *.

Contenus de la conscience : « Les éléments qui n'ont pas de caractère universel mais constituent et donnent caractère d'individualité aux êtres humains entre eux. » (A. Caycedo, 1972). Exemple : un souvenir personnel. (Voir *Capacités**.)

Contre-transfert (réactions contre-transférentielles) : Désigne les réactions inconscientes du thérapeute (ou sophrologue) vers son patient (ou élève), en particulier en réponse aux projections inconscientes (ou réactions transférentielles*) de ce dernier.

Corporalité : au fil de l'entraînement, le corps est perçu avec de plus en plus d'acuité et de précision, le schéma corporel s'affine. L'arbitraire de la dualité corps – esprit est transformé en une symbiose globale de la personne avec tout ce qui la constitue. Le suffixe « ité » renvoie à une projection de l'expérience à l'existence.

Désophronisation : Activation stéréotypée, physique et mentale en fin de pratique pour la reprise d'activité.

Dialogue pré-sophronique : Temps d'échange en début de séance, sans obligation, pendant lequel le *sophronisant** peut exprimer librement au *sophrologue** son état du moment, ses attentes ou souhaits. Le sophrologue privilégiera une attitude d'écoute active (voir *Dialogue post-sophronique**).

Dialogue post-sophronique : Temps d'échange en fin de séance, sans obligation, pendant lequel le *sophronisant** peut exprimer sa *phénodescription** orale, son vécu de la pratique au *sophrologue**. Ce dernier sera idéalement dans une attitude d'écoute active (avec l'utilisation de reformulations) sans interprétation, évaluation, investigation, ni proposition de solution ou même de soutien. Les questions techniques ou théoriques éventuelles sont renvoyées au temps suivant d'*Information post-sophronique**.

Empathie : Consiste, pour le praticien, à comprendre intimement le point de vue et les émotions de son élève ou patient, pour lui faire éventuellement éprouver cette compréhension, tout en restant soi-même.

Épistémologies : Étude critique des sciences.

Espaces d'intégration ou espaces d'interaction : Pour chaque *système Isocay*® *, A. Caycedo propose un *espace* ou *point d'interaction* de tout le système considéré. Ces cinq lieux du corps permettraient une intégration plus rapide de ou dans la région corporelle.

Extéroceptives (informations) : Sensations externes venant des organes sensoriels.

Fonction référentielle du langage : Dans la communication, elle met l'accent sur l'objet, le sujet du message (ce à quoi on se réfère, le référent), c'est-à-dire la réalité de ce dont on parle. Ce traduit par une description objective, sans sentiment ni préjugé, ni image.

Intéroceptives (informations) : Sensations internes provenant soit des viscères (viscèrocepteurs), soit des propriocepteurs (voir *Proprioceptives**). Opposées aux *sensations extéroceptives**.

Futurisation (Techniques de) : Techniques d'*activation intra-sophronique** spécifiques orientées sur le paramètre du futur (projection en imagination à un événement à venir). Voir *Techniques spécifiques**.

Information pré-sophronique (I.P.S.) : Présentation du contenu de la pratique au(x) *sophronisant(s)** en début de séance, après le *Dialogue pré-sophronique** d'accueil.

Information post-sophronique (I.Post-S.) : Après le *dialogue post-sophronique** et avant la clôture de séance, le sophrologue répond aux éventuelles questions techniques ou théoriques et peut proposer des recommandations pour l'entraînement personnel.

I.R.T.E.R. (ou I.R.St.E.R.) : Acronyme pour « Inspiration, Rétention de l'air, Tension... Expiration, Relâchement » ou « Inspiration, Rétention de l'air, Stimulation... Expiration, Relâchement ». Voir *Sophro-stimulation corporelle**.

ISOCAY® : Acronyme pour « Intégration (de l'être) par la SOphrologie CAYcédienne® ».

Lecture du corps : Utilisée pour la *sophronisation** et lors des *pauses phroniques**. Elle consiste en l'accueil des sensations de manière stéréotypée mais avec un « regard » neuf à chaque fois, de la tête aux pieds (voir *Systèmes Isocay®* *) en terminant par la perception de la globalité du corps. « Il ne s'agit pas de se représenter le corps, ou de le sentir comme ci ou comme ça, mais de constater et vivre sa réalité, sa présence, avec toujours plus de détails et « d'épaisseur ». Le but est de renforcer à la fois le schéma corporel et la présence à soi dans l'instant » (B. Santerre, 2006).

Méthodologie : Étude de la méthode. À ne pas confondre avec *protocole**.

Moi corporel : « Quand le corps est aussi bien intégré que possible, grâce à l'entraînement, il est vécu pleinement, dans toutes ses dimensions, son « épaisseur », sa densité. Il y a adéquation entre le schéma corporel et l'image du corps. Le corps vécu de façon existentielle, comme une entité. Il devient un véritable *Moi* » (B. Santerre, 2006).

Moi présentiel : « [Quand] le « mental » est bien régulé, que le flux de pensées est plus calme, quand on est lucide face à ses problèmes, que les émotions sont, non pas contrôlées, mais justes à un moment donné, on peut là aussi parler de *Moi*. « A. Caycedo propose d'y adjoindre l'adjectif

« présentiel », qui rend compte de la capacité d'être dans le présent » (B. Santerre, 2006).

Moi phronique (ou Moi phronique réductif) : « Le but du travail sophrologique, c'est de permettre la rencontre existentielle entre (...) le *Moi corporel** et le *Moi présentiel**, pour favoriser l'émergence du *Moi phronique,* c'est-à-dire une personnalité équilibrée, pleine et entière, avec le juste rapport corps-esprit, esprit-corps. » (B. Santerre, 2006).

Motivation intrinsèque : Motivation sans attendre de renforcement (récompense, valorisation ou punition, sanction) ou pour satisfaire un besoin de curiosité et de manipulation.

Niveau sophro-liminal (N.S.L.) ou Niveau sophroliminal : État de vigilance (appelé *niveau de conscience* par A. Caycedo) entre la veille et le sommeil. Il s'agit d'un niveau de présence aux *phénomènes** expérimentés au cours d'une séance de sophrologie qui est remplacé par A. Caycedo par le terme *conscience Isocay*® *.

Objet neutre : « Le sophrologue essaye d'apprendre à la personne à se « concentrer », ou à imaginer (...) soit un objet librement choisi, si possible naturel (...), soit la perception d'une sensation réelle (...). On l'appelle aussi *objet de la concentration* » (A. Caycedo, 1972). Un objet « neutre » amène le moins possible d'associations d'idées.

Objet de concentration : Voir ci-dessus, *Objet neutre**.

Pause d'intégration ou Pause phronique d'intégration (P.P.I ou P.Ph.I) : Pendant la pratique, au *niveau sophroliminal**, en position statique, étape profonde d'intégration des phénomènes physiques et psychiques. Il s'agit le plus souvent d'être dans une attitude d'accueil des *phénomènes** expérimentés après une stimulation ou un exercice qui peut s'accompagner d'une *lecture du corps**. Voir *phronique**.

Pause de totalisation ou Pause phronique de totalisation (P.Ph.T) : En fin de pratique, au *niveau sophroliminal** et avant la *désophronisation**, en position statique, étape profonde d'intégration des *phénomènes** expérimentés au cours de toute la pratique. Voir *Phronique**.

Phénodescription : Description orale (*Dialogue post-sophronique**) ou écrite des *phénomènes** perçus lors d'une séance : le vécu personnel, sensations, émotions, pensées, etc. Ceci renforce et complète l'expérience.

Phénomène : Ce qui se manifeste à la *conscience**. « Le phénomène est objet d'intuition ou de connaissance immédiate, en même temps que manifestation de l'essence » (in *Pratique de la philosophie de A à Z*, Hatier, 1994).

Phronique : Du grec *phren*, « âme affective, conscience ». Le radical « phronie » ou « phronique » signifie structuré(e) dans la profondeur intérieure de l'être. A. Caycedo le traduit souvent par « profond(e) ».

Proprioceptives (informations) : Sensations qui proviennent des propriocepteurs situés dans les articulations, les tendons et les muscles. Ils nous renseignent sur la position de notre corps dans l'espace et permettent l'adaptation posturale.

Points d'intégration : Voir *espaces d'interaction**.

Posture : Plusieurs postures sont utilisées pour les pratiques en sophrologie, debout ou assis sur une chaise. Le terme *posture* précise un choix, une conscience de l'attitude corporelle.

Présentification ou présentation (Techniques de) : Techniques d'*activation intrasophronique** spécifiques orientées sur le paramètre du présent (concentration sur un stimulus interne, par exemple).

Prétérisation (Techniques de) : Techniques d'*activation intrasophronique** spécifiques orientées sur le paramètre du passé (projection en imagination à un événement agréable passé, par exemple). Voir *sophromnésie**.

Prophylaxie : Promotion de la santé et prévention de la maladie.

Protocole (en sophrologie) : Forme, organisation des différentes étapes, exercices ou stimulations d'une séance en fonction d'objectifs déterminés.

RD ou RDC : **Relaxation dynamique*** ou **Relaxation dynamique de Caycedo®* :** Le chiffre qui suit ces sigles correspond au degré (RD1 : premier degré).

Réduction phénoménologique : « Ou *épochè** est une « mise entre parenthèses » du monde objectif, une suspension de notre relation immédiate et naïve avec le monde pour que le sujet se saisisse comme moi pur » (R. Esposito, 2001).

Région phronique : « Lieu du *Moi phronique** (pour simplifier, le monde intérieur, avec le corps et l'esprit en harmonie) » (B. Santerre, 2006).

Relaxation dynamique ou Relaxation dynamique de Caycedo® : Méthode globale privilégiée en sophrologie caycédienne® (depuis les années 70) et déclinée en différents degrés. Chaque degré est constitué d'un protocole* précis enchaînant différentes stimulations – debout ou assis – et p*auses d'intégration**. La Relaxation dynamique appréhende la personne dans sa globalité et permet une progression plus importante que les *techniques spécifiques** en axant le processus sur la dynamisation des *capacités**.

Respiration synchronique : Voir *Sophro-respiration synchronique.* *

Sanskrit (ou sanscrit) : Langue indo-européenne (famille indo-iranienne) encore pratiquée par certaines familles de brahmanes (prêtres, enseignants et hommes de loi traditionnels) et certaines sectes hindouistes.

Sophro-analyse vivantielle ou sophro-analyse vivantielle caycédienne® (SAVC®) : Analyse des *phéonodescriptions**, d'abord par le sophrologue* ensuite par le *sophronisant** pour et par lui-même. Il s'agit de renforcer ou dynamiser les structures positives, essentiellement en recherchant et soulignant les *phénomènes** agréables et d'orienter l'entraînement personnel dans cette optique.

Sophrologue : Le praticien en sophrologie. Voir aussi *Sophropédagogue** et *Sophrothérapeute**.

Sophromnésie (SMn) : « Mot de sens général pour désigner les phénomènes spéciaux de la mémoire qui peuvent se produire pendant la *sophronisation** » (A. Caycedo, 1972). Cas particulier : technique de *prétérisation**.

Sophronisant(es) : Le client, élève ou patient du *sophrologue**. Le terme de *sophronisé* parfois utilisé renvoie à une attitude plus passive (comme *hypnotisé*) de l'élève ou patient.

Sophronisation : Processus stéréotypé pour amener la conscience au *niveau sophro-liminal**. Il peut être dirigé par le *sophrologue** ou autogène (voir *lecture du corps**).

Sophronisation de base : *Sophronisation** qui démarre un protocole de plusieurs techniques. Elle précède donc une *activation intrasophronique** ou débute une *Relaxation Dynamique**.

Sophronisations spécifiques : Voir *techniques spécifiques**.

Sophro-respiration synchronique (S.R.S.) : Synchronisation de mouvements, formulations mentales, images, sensations, etc. avec la respiration.

Sophropédagogie : La sophrologie appliquée à la pédagogie. D'une manière plus générale, la sophropédagogie renvoie à toutes les applications non thérapeutiques : domaine du sport, social et de la prophylaxie*.

Sophro-pédagogue ou sophropédagogue : Le praticien en sophrologie dans les domaines du sport, du social, de la *prophylaxie** ou de la pédagogie. Voir *Sophrothérapeute**

Sophro-stimulation corporelle (S.St.C.) : Activation de la présence des sensations par une stimulation d'une partie ou de la globalité du corps notamment utilisée en *Relaxation dynamique**. Les stimulations peuvent être réalisées en *respiration synchronique** (voir *I.R.St.E.R**) ou en respiration libre.

Sophro-thérapeute ou sophrothérapeute : Le praticien en sophrologie dans le domaine médical ou plus précisément en sophrothérapie*.

Sophrothérapie : Thérapie psychocorporelle basée sur la sophrologie.

Systèmes Isocay® (5 SI) : Pour la sophrologie, le corps et le mental sont une seule et même chose appelée « Être humain ». Dans cette unité existentielle, l'être humain disposerait, selon A. Caycedo, de cinq *systèmes* ou régions corporelles : 1. visage et tête ; 2. cou, épaules, partie externe des membres supérieurs ; 3. partie interne des membres supérieurs, thorax, dos ; 4. abdomen et région lombaire ; 5. bas du corps (bassin, membres inférieurs).

Techniques spécifiques : Adaptation de la méthode sophrologique en protocoles courts (10 à 15 minutes), ciblés sur une demande ou un objectif précis.

Terpnos logos (T.L.) : La parole (discours et manière de dire ce discours) qui véhicule la pratique en sophrologie. A. Caycedo propose une progression d'un T.L. *explicatif* vers un T.L. *orientatif* pour tendre vers un idéal : le silence (*sophronisant** autonome et responsable) ; il indique de plus la possibilité d'un T.L. *persuasif* (voir page 44).

Transfert (réactions transférentielles) : Réactions inconscientes réactualisant des sentiments de l'enfance (affection, dépendance, hostilité) sur la personne du thérapeute (ou *sophrologue**).

Tridimentionnalités axiologiques : *techniques spécifiques** d'*activation intra-sophronique** orientées notamment sur l'évocation des valeurs existentielles passées, présentes, futures « d'objets », thèmes ou personnes. (Voir *axiologie**)

Valences phroniques : A. Caycedo décrit l'être humain intégré par plusieurs millions d'unités qu'il appelle u*nités phroniques* ou c*ellules phroniques.* Ces unités seraient représentées par les cellules biologiques, mais abritant les structures psychologiques et existentielles de l'être dans leur contenu intérieur. Il désigne aussi ces structures avec le nom de v*alences phroniques.*

Valeurs existentielles : ce sont les valeurs de l'être en soi. Une valeur existentielle est personnelle (contrairement aux valeurs morales ou sociétales) et donne sens à notre vie ; elle est ce sans quoi, notre existence ne pourrait être. Une activité réalisées en cohérence avec nos valeurs existentielles nous permet de nous accomplir pleinement en tant qu'être humain.

Vivance : De l'espagnol *vivancia.* Expérience vécue et intégrée avec un impact corporel et/ou affectif dans la conscience.

Vivantiel(le) : Adjectif de *vivance**.

Sources des citations

CAYCEDO A., *Dictionnaire abrégé de sophrologie et relaxation dynamique*, Emegé (épuisé), 1972.

CLEMENT E., DEMONQUE C., HANSEL-LØVE L., KAHN P., *Pratique de la philosophie de A à Z*, Hatier, 1994.

ESPOSITO R., *Mais... qu'est-ce que la phénoménologie ? Selon Husserl*, ISR-La Sablière, 2001.

SANTERRE B., *in* ETEVENON P., SANTERRE B., *États de conscience, sophrologie et yoga*, Tchou, 2006.

SANTERRE H., *Mais... qu'est-ce que le langage ? À propos du Terpnos Logos*, ISR-La Sablière, 1998.

Remerciements

À Bernard Etchelecou qui m'a permis d'écrire ce livre,
à Bernard Santerre mon premier professeur de sophrologie,
à Richard Esposito pour ses précisions sur la phénoménologie,
à tous mes élèves et collègues qui me permettent de progresser,
au Professeur Alfonso Caycedo, fondateur de la sophrologie et mon second professeur, sans qui cette aventure n'aurait pas débutée,
à Virginie Catoni (Dunod) pour son accueil et sa confiance.

À Marie,
Maël et Laelia
qui embellissent mon chemin personnel.

Pour l'éditeur, le principe est d'utiliser des papiers composés de fibres naturelles, renouvelables, recyclables et fabriquées à partir de bois issus de forêts qui adoptent un système d'aménagement durable. En outre, l'éditeur attend de ses fournisseurs de papier qu'ils s'inscrivent dans une démarche de certification environnementale reconnue.

0901131 - (II) - (1,2) - OSB 90° - CPW - JME

Imprimerie Nouvelle - JOUVE
45800 Saint-Jean de Braye
N° d'Imprimeur : 742434C
Dépôt légal : janvier 2011
suite du tirage : septembre 2011

Imprimé en France